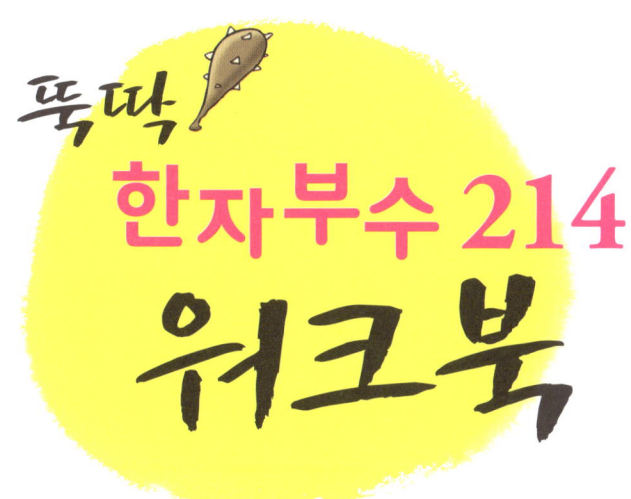

뚝딱! 한자부수 214 워크북

초판 발행 | 2008년 11월 11일
개정판 1쇄 발행 | 2024년 7월 1일

기획·한자해설 | 이희원
글·그림 | 간분선·김윤주
엮음 | 글로연한자부수연구팀
감수 | 박성규
책임편집 | 오승현
디자인 | 서미선·이주현

펴낸곳 | 글로연
펴낸이 | 오승현
주소 | 서울특별시 마포구 양화로 133, 1307호
전화 | 070-8690-8558
팩스 | 070-4850-8338

출판등록 | 2004년 8월 23일
등록번호 | 제313-2004-196호

ISBN 978-89-92704-69-4 77710

◆ 책의 모서리가 날카로워 다칠 수 있으니 주의하세요.
KC마크는 이 제품이 공통안전기준에 적합하였음을 의미합니다.

이 책은 저작권법에 따라 보호받는 저작물이므로 무단전재와 무단복제를 금하며,
이 책의 내용 전부 또는 일부를 이용하려면 반드시 저작권자와 출판사의 서면 동의를 받아야 합니다.

뚝딱
한자부수 214
워크북

글로연한자부수연구팀 엮음

글로연

뚝딱! 한자부수 214 워크북

이 책의 **활용법**을 알려주겠다!

一. 뚝딱! 한자부수 214  를 재미있게 여러 번 읽는다.

二. 뚝딱! 한자부수 214 각 권의 부수표를 벽에 붙여 놓고 반복하여 읽는다.

三. 재미있게 꾸며진 워크북을 한 장씩 꼼꼼하게 한다.

차 례

● **제 1단계** 6

뚝딱 한자부수 214의 내용을
떠올리며 재미있게 부수를 복습한다.

● **제 2단계** 132

한자부수 214와 활용한자를 쓰면서 익힌다.

● **제 3단계** 188

그림을 보며 **한자부수 214**를 확실하게 다진다.

하늘과 조류 관련 부수
땅·물·동물 관련 부수
동물 관련 부수
식물 관련 부수
사람·사람의 몸 관련 부수
사람의 행동 모양 관련 부수
사람의 신분·모양 관련 부수 1, 2
도구 관련 부수 1, 2
인식과 지각 관련 부수 1, 2

제1단계

뚝딱 한자부수 214의 내용을 떠올리며 재미있게 부수를 복습한다.

1권 제1편 – 쌀 한 톨로 장가간 총각

이야기 속 한자부수를 기억해 봐요

里

마을 리

쥐 서

고기 육

뿔 각

里　欠　鼠　角　牛　肉(月)　馬　米

하품 흠

소 우　　　　　　　　　　　쌀 미　　　　　말 마

8

설명따라 그림따라 한자부수를 찾아요

(田)과 (土)가 합쳐서 된 글자란다.
밭이 될 만한 땅이 있으면 사람들이
마을을 이루고 살아서 '마을'이란 뜻이 된 것이지.

마을 리

쥐의 모양을 본뜬 글자야.
쥐는 간신 등에 비유되기도 했단다.

쥐 서

사람이 하품하며 벌린 입의 모습을 본뜬 글자야.

하품 흠

말의 머리와 갈기, 꼬리, 네 다리를 본뜬 글자야.
부수로 쓰일 때는 말과 관계가 있는 한자라고 보면 돼.

말 마

뿔이 달린 소의 머리 모양을 본뜬 글자란다.

소 우

굽어 있는 짐승의 뿔 모양을 본뜬 글자야.

뿔 각

잘라낸 고기덩어리 모양을 본뜬 글자란다.
이 부수 글자는 한자의 왼쪽이나 아래에 붙을 때는
모양이 '月'로 바뀌고, '육달월'로 부르지.

고기 육

벼 이삭의 모양을 본뜬 글자야. 쌀이 되기까지 사람의
손이 자그마치 八十八번이나 간다고 하여 쌀을 뜻하는
한자가 되었다는 말도 있어.

쌀 미

여기에서 찾아 쓰면 돼.

米 牛 肉(月) 里 欠 馬 鼠 角

부수의 활용한자를 찾아 보아요

里　欠　馬　牛　角　肉　米

사다리 타고 슝~

노래 가	물건 물	풀 해	가루 분	들 야	기를 육	놀랄 경

여기에서 찾아쓰면 돼.

歌　驚　野　物　育　粉　解

부수를 따라가면 길이 나와요

부수가 맞게 표시됐으면 →
부수가 틀리게 표시됐으면 →

파란 글자가 부수인데..

粉 野 歌 物 育

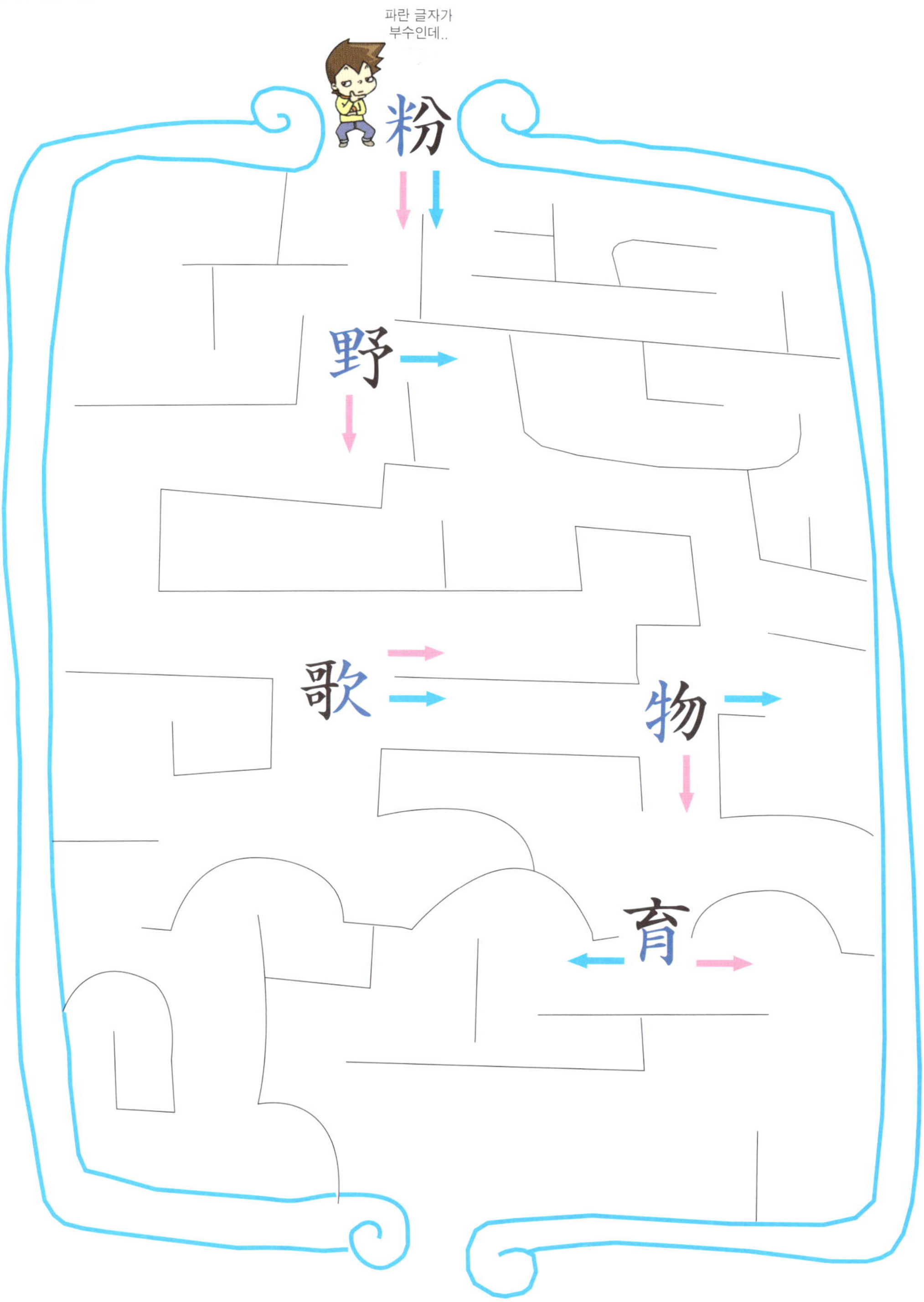

이야기 속 한자부수를 기억해봐요

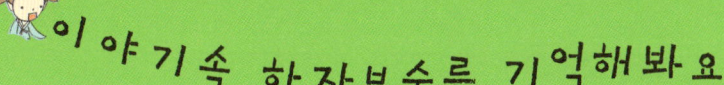
1권 제2편 – 할머니의 금반지

사람 인

위튼입구몸

小
작을 소

여기에서 찾아쓰면 돼.

小　凵　亠　人(亻)　生　死

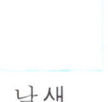
날 생

돼지해머리

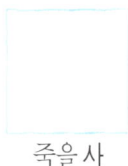
죽을 사

설명따라 그림따라 한자부수를 찾아요

물건을 찍어 내는 거푸집과 쇳덩이의 모양을 본뜬 글자란다.

쇠 금

사람이 서 있는 모양을 보고 만든 한자야. 부수로써 글자의 왼쪽 변에 쓰일 때는 '亻'으로 쓰고 '**사람인변**'이라 부른단다.

사람 인

상투를 튼 머리 모양을 본뜬 한자로 **亥**(돼지 해)의 머리 부분과 모양이 같아서 부르는 부수 이름이지.

돼지해머리

口(입 구)의 윗부분이 터여 있는 것 같다고 해서 빈그릇 또는 땅이 우묵하게 파인 모양을 본뜬 한자부수란다.

위튼입구몸

작은 물건 세 개가 한 곳에 모여 있는 모양에서 나왔어.

작을 소

풀과 나무가 땅 위로 솟아나온 모양을 본뜬 한자야.

날 생

사람의 앙상한 해골의 모양을 본뜬 글자란다.

죽을 사

여기에서 찾아 쓰면 돼.

生 人(亻) 亠 凵 死 小 金

관계있는 것끼리 줄을 그어요

　　人　　쇠금

　　口　　사람인

　　金　　돼지해머리

　　小　　위튼입구몸

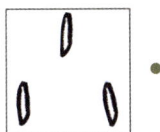　　亠　　날생

　　歹　　작을소

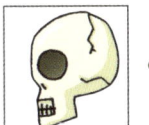　　生　　죽을사변

부수의 활용한자를 찾아보아요

人 口 金 小 生 歹 亠

사다리 타고 슝~

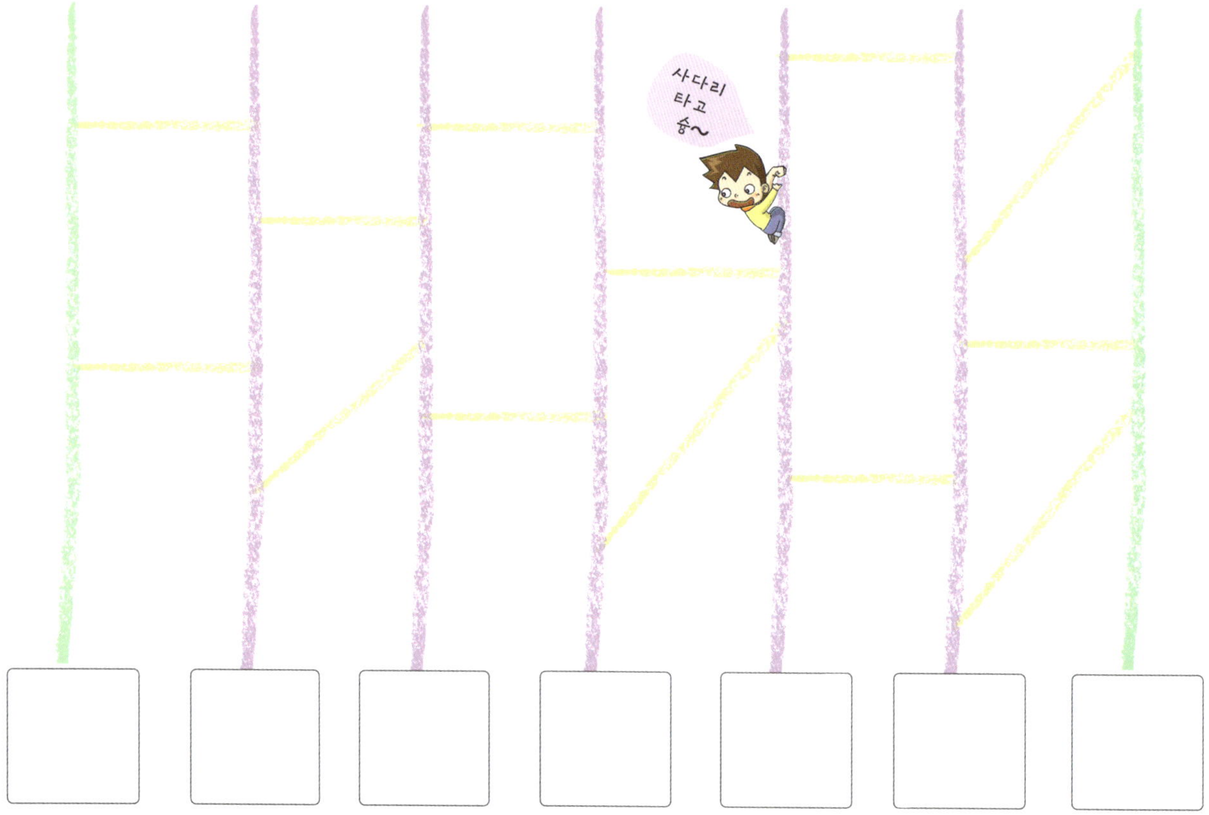

| 적을소 | 쉴휴 | 죽을사 | 은은 | 낳을산 | 사귈교 | 날출 |

여기에서 찾아 쓰면 돼.

休 交 銀 少 産 死 出

1권 제3편—개구리의 보은

이야기 속 한자부수를 기억해 봐요

玉
구슬 옥

흰 백

밭 전

기운 기엄

 여기에서 찾아 쓰면 돼.

白　气　玉　自　皿　己　雨　田

비 우

그릇 명

스스로 자

몸 기

설명따라 그림따라 한자부수를 찾아요

사람들이 땅을 나누어서 일구어 놓은 밭의 모양을 본뜬 한자란다.

밭 전

세 개(三)의 구슬을 끈(|)에 꿴 모양을 본뜬 글자야.

구슬 옥

햇빛(日)이 위로(丿) 비추는 모습이기도 하여 희다, 밝다는 뜻을 가지고 있단다.

흰 백

구름이나 수증기, 아지랑이 등이 피어 오르는 모양을 본뜬 글자란다.

기운 기엄

하늘에서 물방울이 떨어지고 있는 모양을 본뜬 글자야.

비 우

옛날에 사용되던 그릇을 본뜬 글자란다.

그릇 명

코의 모양을 본뜬 글자야. 코는 스스로도 숨을 쉴 뿐 아니라, 사람들은 코를 가리켜 자기를 가리키기도 하거든. 그래서 스스로, 자기, 저절로 등의 뜻을 가지고 있지.

스스로 자

사람이 허리를 굽히고 무릎을 꿇고 앉아 있는 모양과 비슷하지? 몸 또는 자신의 태도를 나타내어서 '자기'를 뜻해.

몸, 자기 기

여기에서 찾아쓰면 돼.

己 玉 白 气 皿 雨 自 田

19

빈칸에 알맞은 부수와 활용한자를 넣어요

부수		활용한자
밭 전	+ 力 →	남자 남
구슬 옥	+ 見 →	나타날 현
흰 백	+ 勺 →	과녁 적
기운기엄	+ 米 →	기운 기
비 우	+ ⼹ →	눈 설
그릇 명	+ 슙 →	더할 익

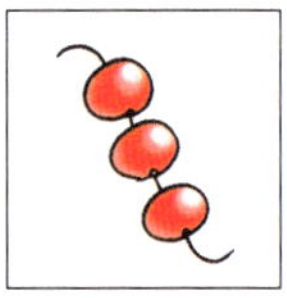

난 부수글자를

난 활용한자를 소개할게.

白 气 玉 雨 田 皿

益 現 雪 男 的 氣

활용한자로 낱말을 공부해요

的中 과녁적 가운데중	남자와 여자
現在 나타날현 있을재	목표에 어김없이 들어맞음
男女 남자남 여자녀	지금
雪景 눈설 경치경	눈이 내리는 경치
已往 이미이 갈왕	오래전

부수를 따라가면 길이 나와요

부수가 맞게 표시됐으면 →
부수가 틀리게 표시됐으면 →

파란 글자가 부수인데..

男 雪 男 的 現 益

22

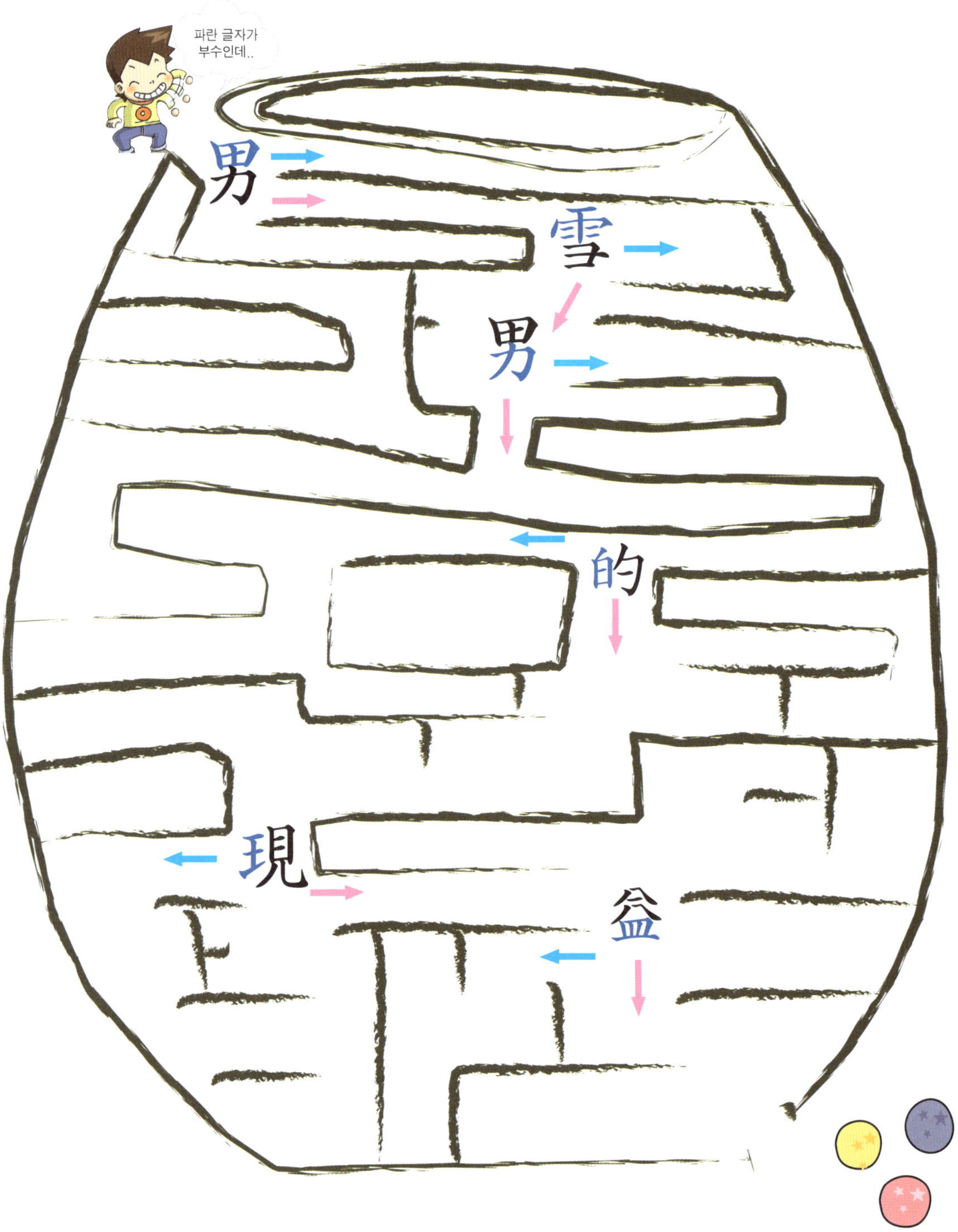

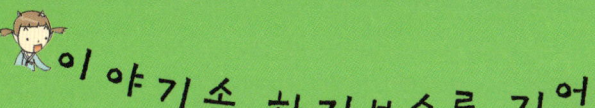

이야기속 한자부수를 기억해봐요

1권 제4편 — 광대탈과 괴력의 장사들

力 — 힘 력

머리 수

날 일

나무 목

首　力　木　女　石　門　日　巾

돌 석

문 문

수건 건

여자 녀

설명따라 그림따라 한자부수를 찾아요

농기구인 가래의 모양을 본뜬 한자인데
이것을 사용할 때는 당연히 힘을 써야 하겠지?

힘 력

털이 난 머리 모양을 본뜬 한자란다.
머리는 몸의 가장 위에 있어서
'우두머리'나 '처음'의 뜻도 가지고 있는 거야

머리 수

해의 모양을 본뜬 한자야. 해를 뜻하기도 하고,
해가 뜨고 지고 하는 데 따라 날짜가 바뀌잖아.
그래서 하루를 뜻하는 '날 일'이 된 것이야.

날 일

서 있는 나무의 모양을 본뜬 한자야. 나뭇가지와
줄기와 뿌리를 갖추고 서 있는 모양이지?

나무 목

암벽과 암벽에서 떨어져 나온 작은 돌 모양을 본떴어.
이 부수가 쓰인 한자는 돌과 관계된 것이 많단다.

돌 석

두 개의 문짝이 있는 문의 모양을 본뜬 한자야.
정말 문처럼 보이지?

문 문

여자의 모양을 본뜬 한자란다. 이 부수가 쓰인 한자는
여자, 예쁜 것 등과 관계된 한자가 많아.

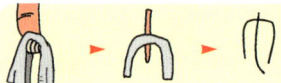

여자 녀

한 폭의 천조각을 걸어놓은 모양을 본뜬 한자란다.

수건 건

여기에서 찾아 쓰면 돼.

石 女 門 力 木 日 首 巾

관계있는 것끼리 줄을 그어요

　　首　　　힘력

　　力　　　날일

　　門　　　머리수

　　木　　　나무목

　　日　　　문문

　　巾　　　돌석

　　女　　　수건건

　　石　　　여자녀

부수의 활용한자를 찾아보아요

石 木 首 力 日 巾 女 門

움직일 동	수풀 림	저자 시	사이 간	깨트릴 파	머리 수	비로소 시	때 시

首 林 破 時 始 市 間 動

부수를 찾아 색칠해요

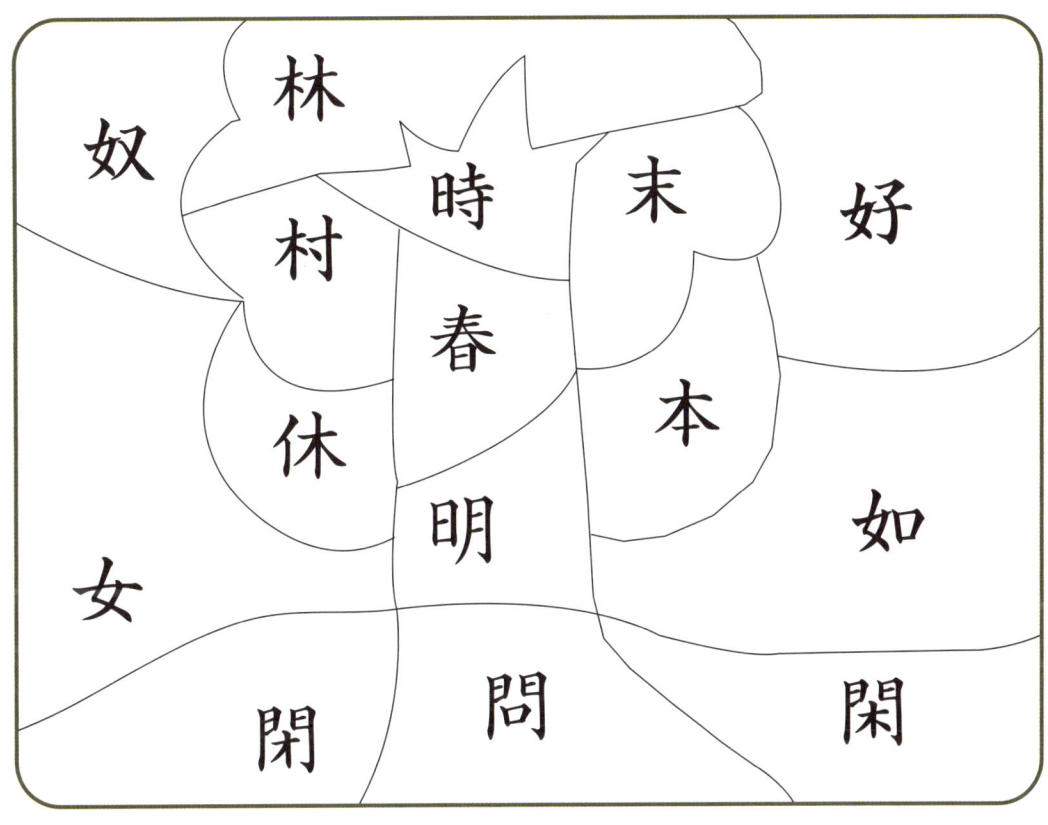

조금 어려운 한자라도 자세히 보면 부수가 보일 텐데…

木 부수한자는 초록색
女 부수한자는 파란색
門 부수한자는 노란색
日 부수한자는 밤색으로 칠하거라

1권 제5편 – 꿀똥 누는 강아지

이야기 속 한자부수를 기억해 봐요

낯 면   말씀 언   개 견   털 모

여기에서 찾아쓰면 돼.

毛　言　犬(犭)　面　鬼　甘　走　示

달 감   귀신 귀   달릴 주   보일 시

설명따라 그림따라 한자부수를 찾아요

사람의 얼굴을 본뜬 한자란다.

낯 면

죄인의 이마에 문신으로 새긴 辛(매울 신)에 口(입 구)를 더해 만든 글자야. 말이란 자칫 조심하지 않으면 마음에 상처를 줄 만큼 매운 것이라고 생각해봐.

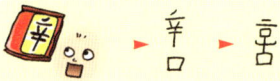

말씀 언

개가 서 있는 모습을 본뜬 한자란다.
이 부수가 다른 한자의 변에(왼쪽 옆) 쓰일 때는 모양이 '犭'으로 바뀌고 '개사슴록변'이라고 부르지.

개 견

길고 털이 나 있는 짐승 꼬리의 모양을 본뜬 글자란다.

털 모

입에 무엇인가를 물고 있는 모습을 본뜬 한자야.
맛 좋다, 달다, 기분 좋다, 만족하다라는 뜻이 있어.

달 감

귀신의 가면을 쓴 무당이 서거나 쭈그리고 앉아 있는 모양을 본뜬 한자란다.

귀신 귀

손을 앞뒤로 흔들며 달리고 있는 사람의 모습을 본떴어..

달릴 주

제물을 차려 놓은 제단 모양을 본뜬 한자로 제물을 신에게 보여준다는 것에서 '보이다'라는 뜻을 가지고 있단다.

보일 시

여기에서 찾아쓰면 돼.

言　面　犬(犭)　示　鬼　走　甘　毛

29

관계있는 것끼리 줄을 그어요

 　　面　　　　　개견

 　　言　　　　　털모

 　　犬　　　　　달감

 　　毛　　　　　낯면

 　　甘　　　　　말씀언

 　　示　　　　　보일시

 　　走　　　　　귀신귀

 　　鬼　　　　　달릴주

활용한자로 낱말을 공부해요

狂犬 미칠광 개견 ● ● 낱말이 만들어진 뿌리

秋毫 가을추 터럭호 ● ● 미친 개

語原 말씀어 근원원 ● ● 넋

魂魄 넋혼 넋백 ● ● 짐승의 털이 가을에 매우 가늘다는 말에 빗대어 '털끝만큼' '아주 조금' 이라는 비유로 사용됨

神秘 귀신신 숨길비 ● ● 보통의 수준을 넘어선 신기한 일

부수를 따라가면 길이 나와요

부수가 맞게 표시됐으면 →
부수가 틀리게 표시됐으면 →

어디로 가지? 파란 글자가 부수인데~

語
毫
起
狂
神

휴~ 살았다.

32

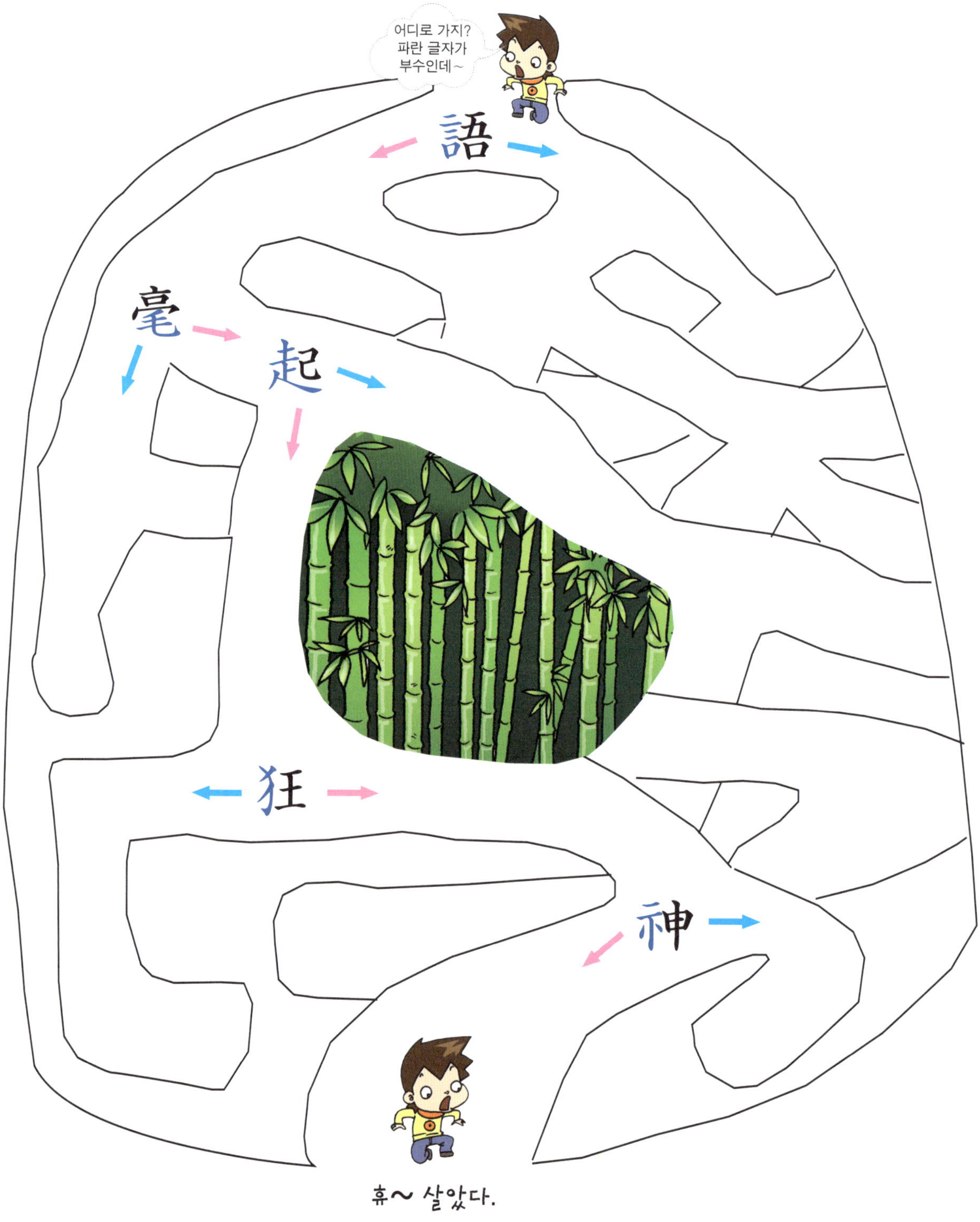

이야기 속 한 자 부수를 기억해봐요

1권 제6편 – 슬기로운 어린 원님

舟
배 주

마음 심

바람 풍

신하 신

여기에서 찾아 쓰면 돼.

舟　心(忄)　臣　風　二　一　十

한 일

두 이

열 십

설명따라 그림따라 한자부수를 찾아요

옛날 사람들은 마음이 가슴에 있다고 생각했단다. 그래서 심장 모양을 본떠서 만든 글자야. 글자 왼쪽 변에 쓰일 때에는 '忄'로 바뀌고 '심방변'이라고 해.

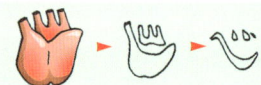

마음 심

배의 모양을 본뜬 한자로, 이 부수자가 들어 있는 한자는 배와 관계가 있어.

배 주

묶인 채 무릎을 꿇고 있는 전쟁 포로의 치켜든 눈을 본뜬 글자란다.

신하 신

글자가 없던 옛날에는 막대기 하나를 놓고 '하나'라고 했지.

한 일

一에서 시작하여 한 단이 열에서 끝나는 ㅣ을 그어 십을 나타냈단다.

열 십

하나(一)에 하나(一)를 더한 글자이니 당연히 둘을 나타내겠지?

두 이

바람이 많이 불면 벌레 虫(벌레 충)들은 날려 가지 않기 위해 几(움푹 들어간 곳)으로 숨겠지?

바람 풍

여기에서 찾아 쓰면 돼.

心(忄)　舟　二　一　風　十　臣

관계있는 것끼리 줄을 그어요

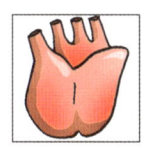　　臣　　　　신하 신

　　風　　　　마음 심

　　心　　　　두 이

　　舟　　　　배 주

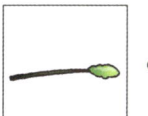　　一　　　　한 일

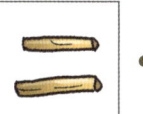　　二　　　　바람 풍

　　十　　　　열 십

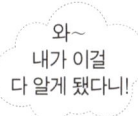 와~ 내가 이걸 다 알게 됐다니!

부수의 활용한자를 찾아보아요

부수
臣
一
十
心
舟
二

활용한자
□ 뜻 의
□ 윗 상
□ 다섯 오
□ 배 선
□ 누울 와
□ 남녘 남

여기에서 찾아 쓰면 돼.

南 五 上 意 船 臥

활용한자로 낱말을 공부해요

臥病
누울와 병들병

● ● 마음에 품은 생각

船員
배선 인원원

● ● 병이 들어 자리에 누움

意思
뜻의 생각사

● ● 뱃사람, 선박의 승무원

性品
성품성 물건품

● ● 사람의 성질과 됨됨이

南北
남녘남 북녘북

● ● 다섯 가지 곡식

五穀
다섯오 곡식곡

● ● 남과 북

1권 제7편—할머니로 둔갑한 불여우

이야기 속 한자부수를 기억해 봐요

어진사람인발

천천히걸을쇠발

뼈 골

늙을 로

여기에서 찾아쓰면 돼.

儿 夊 骨 老(耂) 入 冂 夂 爪

들 입

갖은등글월문

또 우

손톱 조

# 설명따라 그림따라 한자부수를 찾아요

사람의 두 다리를 본뜬 한자란다

어진사람인발

발을 끌며 천천히 걷는 것을 의미해.

천천히걸을쇠발

사람 몸 속에 있는 뼈를 본뜬 한자야

뼈 골

머리를 산발하고 허리 굽은 노인이 지팡이를 짚고 서 있는 모습을 본뜬 글자란다. 다른 한자에서 윗부분만 부수로 쓰일 때는 모양이 '耂'로 바뀌고 '늙을로엄'이라고 부르지

늙을로, 늙을로엄

허리를 구부리고 안으로 들어가는 모양을 본떴어

들 입

끝이 뭉툭한 무기를 손에 쥐고 있는 모양을 본떴지.

갖은등글월문

아래쪽에 있는 물건을 긁어 당기거나 집어 올리는 손톱 모양을 본뜬 한자란다. 부수로 쓰일 때는 '爫'으로 바뀌고, '손톱머리'라고 불러

손톱 조

오른 손의 모양을 본뜬 한자야. 오른 손은 자주 쓴다는 뜻에서 '또'라는 뜻이 되었다고 해.

또 우

 여기에서 찾아쓰면 돼.

39

빈칸에 알맞은 부수와 활용한자를 넣어요

	부수		활용한자
		+ 口 →	맏 형
	어진사람인발		
		+ 頁 →	여름 하
	천천히걸을쇠발		
		 + 豊 →	몸 체
	뼈 골		
		 + 白 →	사람 자
	늙을로엄		
		 + 冂 →	안 내
	들 입		
		+ 尹 →	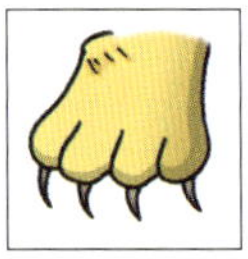 다툴 쟁
	손톱 조		
		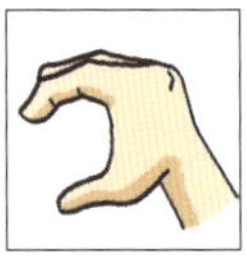 + 厂 →	돌이킬 반
	또 우		
		+ 朮 →	죽일 살
	갖은등글월문		

儿 夊 乂 骨 入 又 爪 歺

體 兄 夏 者 內 反 爭 殺

난 부수글자를

난 활용한자를 소개할게.

부수의 활용한자를 찾아 보아요

부수: 老 骨 入 儿 爪 又 殳 又

활용한자:
- 맏 형
- 사람 자
- 몸 체
- 안 내
- 여름 하
- 죽일 살
- 돌이킬 반
- 다툴 쟁

여기에서 찾아 쓰면 돼.

體 兄 夏 者 内 反 殺 爭

활용한자로 낱말을 공부해요

부수를 찾아 색칠해요

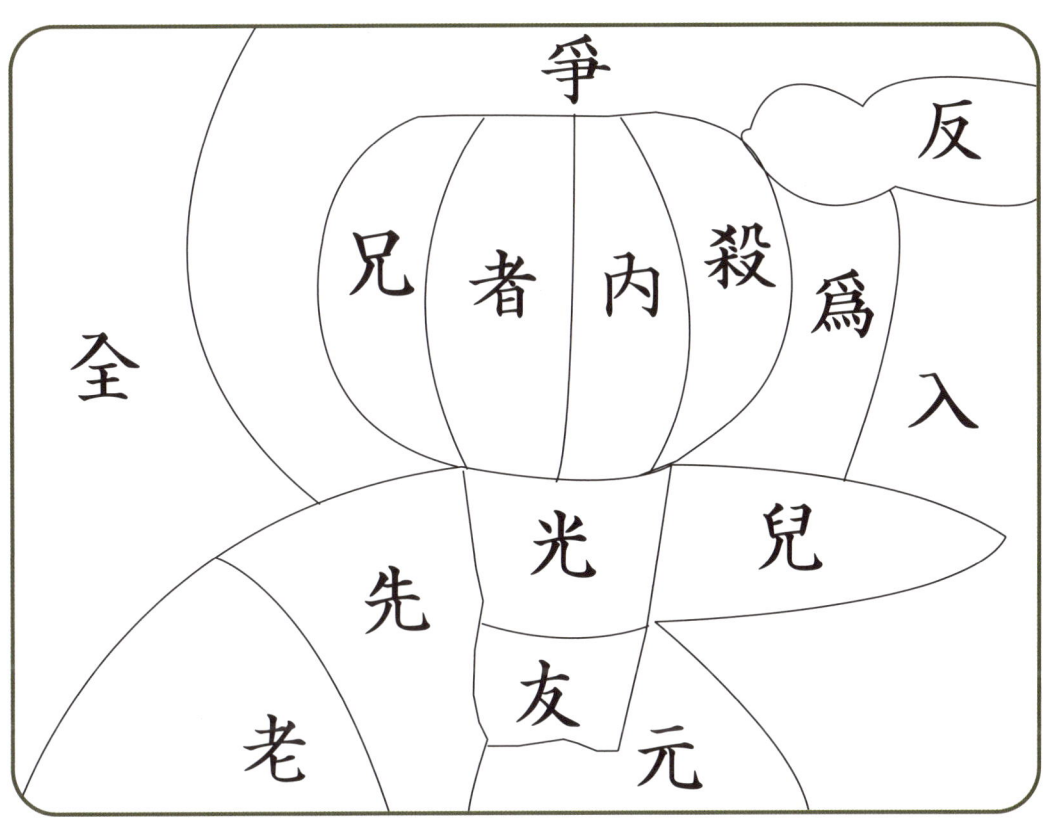

조금 어려운 한자라도 자세히 보면 부수가 보일텐데…

儿 부수한자는 빨간색
老 부수한자는 주황색
入 부수한자는 초록색
爫 부수한자는 파란색
又 부수한자는 보라색
殳 　부수한자는 갈색으로 칠하거

1권 제8편 – 소금장수 아들과 정승댁 새색시

이야기 속 한자부수를 기억해 봐요

말이을 이

아들 자

물 수

병질엄

여기에서 찾아 쓰면 돼.

手(扌) 广 而 水(氵) 子 大 亻

손 수

큰 대

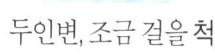
두인변, 조금 걸을 척

설명따라 그림따라 한자부수를 찾아요

턱 수염의 모양을 본뜬 한자야. 옛날 사람들은 말을 이을 때 수염이 입 모양을 따라 들썩들썩 했겠지?

말이을 이

양팔을 벌리고 누워 있는 어린 아들의 모양을 본떴어.

아들 자

물 줄기가 여러 갈래로 흘러가는 모양에서 나왔어. 부수자로 쓰일 때는 '水'로 쓰일 때와 'ㅣ(삼수변)'으로 모양이 달라질 때가 있지.

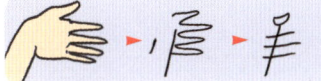

물 수

병으로 앓아 침상 위에 누워 있는 모양이지.

병질엄

다섯 손가락을 쭉 펼친 모양을 본뜬 한자란다. 변으로 쓰일 때는 '扌'바껴. 그 모양이 才(재주재)와 닮아서 '재방변'이라고 해.

손 수

양팔을 벌리고 서 있는 사람 모양을 본떴어.

큰 대

발을 척 내밀며 조금 걸어가는 모양을 본뜬 한자인데, 亻(사람인변)에 삐침이 하나 더 있어서 '두인변'이라고 부른단다.

두인변
조금 걸을 척

여기에서 찾아 쓰면 돼.

大 而 水(氵) 彳 手(扌) 子 疒

관계있는 것끼리 줄을 그어요

 · · 水 · · 말이을 이

 · · 疒 · · 아들 자

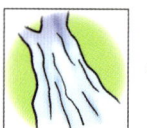 · · 而 · · 물 수

 · · 子 · · 병질엄

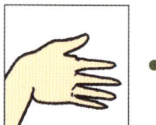 · · 大 · · 손 수

 · · 彳 · · 큰 대

 · · 手 · · 두인변, 조금 걸을 척

설명에 맞는 낱말을 찾아요

보기에서 찾아 묶어주면 돼!

	忍 참을인		掌 손바닥장		氷 얼음빙
		耐 견딜내		握 쥘악	河 물하
				病 병들병	
孝 효도효	道 길도			院 집원	
				後 뒤후	孫 손자손

보기

- 참고 견딤 …………………………………………… 인내
- 부모를 정성껏 잘 섬기는 일 ……………………… 효도
- 만년설이 얼음덩이가 되어 낮은 곳으로 흘러내리는 것 …… 빙하
- 아픈 사람을 진료하고 치료하기 위해 갖추어 놓은 건물 …… 병원
- 손 안에 잡다, 쥔다는 뜻으로 세력 등을 모두 잡음 ……… 장악
- 몇 대가 지난 뒤의 자손 …………………………… 후손

이야기 속 한자부수를 기억해 봐요

2권 제1편-효녀 금순이

가로 왈   민책받침   선비 사

여기에서 찾아 쓰면 돼.

厂　夊　日　土　士　音

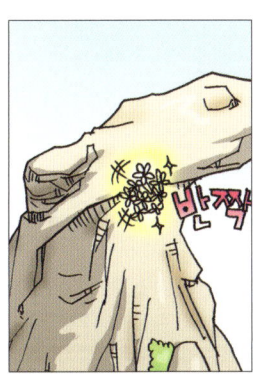

흙 토   민엄호   소리 음

설명따라 그림따라 한자부수를 찾아요

口 (입 구)의 가운데 가로로 —을 더한 한자로, 입과 입 안의 혀를 본뜬 글자야.

가로 왈

다리를 끌며 걷는 모습을 본뜬 부수 한자란다. 辶(책받침변)에서 점이 없는 것이라 하여 '민책받침'이라고 부르지.

민책받침

풀이나 나무의 싹이 흙을 뚫고 나온 모양을 본떴어.

흙 토

十(열 십)과 一(한 일)이 더해진 한자로, 하나를 듣고 열을 깨우치는 사람이라면 '선비'가 되고도 남음이 있다고 이해하렴.

선비 사

언덕의 윗부분이 툭 튀어나온 나온 절벽의 모양을 본뜬 한자야. 다른 부수 한자인 广(엄호)에서 점이 없는 글자라 하여 '민엄호'라 부르지.

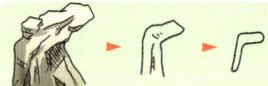

민엄호

서서(立) 입(口)을 크게 벌려 소리를 내는 모양을 본뜬 한자란다.

소리 음

여기에서 찾아 쓰면 돼.

日 辶 士 土 厂 音

관계있는 것끼리 줄을 그어요

 　　土　　　　가로 왈

 　　曰　　　　흙 토

 　　音　　　　선비 사

 　　攵　　　　민책받침

 　　士　　　　소리 음

 　　厂　　　　민엄호

활용한자로 낱말을 공부해요

建國 (세울건 나라국)	•	•	굉장하고 볼만한 광경
壯觀 (장할장 볼관)	•	•	근본이 되는 법칙
書店 (책서 가게점)	•	•	나라를 세우다
原則 (근원원 법칙)	•	•	일정한 범위의 땅
地域 (땅지 지경역)	•	•	책 가게

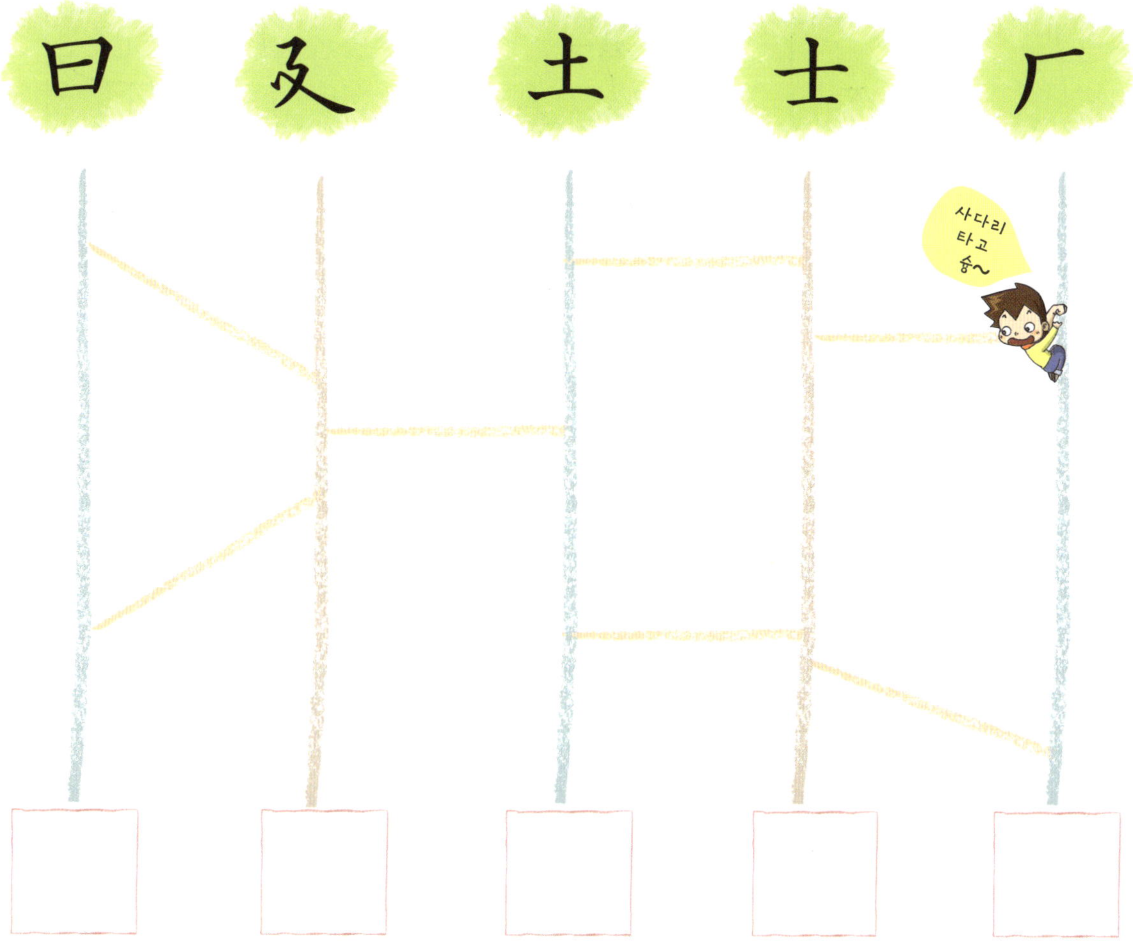

부수의 활용한자를 찾아보아요

日　　又　　土　　士　　厂

장할 장　　세울 건　　근원 원　　땅 지　　글 서

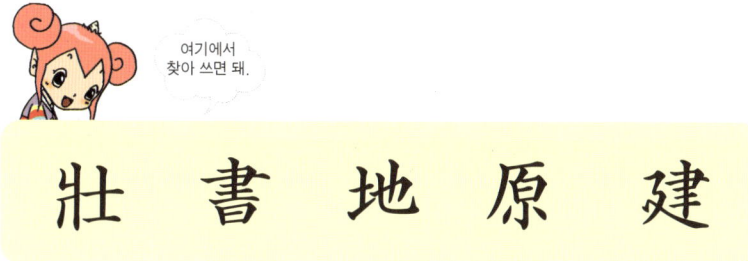

여기에서 찾아 쓰면 돼.

壯　書　地　原　建

2권 제2편—저승빛

이야기 속 한자부수를 기억해 봐요

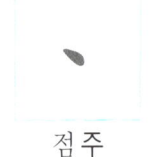
점 주

물고기 어

주검시엄

여기에서 찾아 쓰면 돼.

丶　亠　山　魚　尸　瓦　八

기와 와

갓머리

여덟 팔

설명따라 그림따라 한자부수를 찾아요

등불의 불꽃 모양을 본떴단다.

점주

물고기 모양을 본뜬 것으로 이 부수가 붙은 한자는 물고기를 나타내는 글자가 많아.

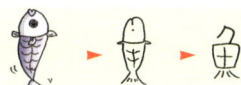

물고기 어

다리를 구부리고 옆으로 누워 있는 모양을 본떴어.

주검시엄

기와가 겹쳐져 있는 모양을 본뜬 것이야.

기와 와

네 손가락씩 두 손을 펴고 있는 모양을 본뜬 것으로 나누다, 갈라지다라는 의미를 가지지.

여덟 팔

지붕이 덮어 씌워져 있는 모양을 본뜬 한자야.
이 부수는 집을 뜻하는데 모양이 갓 같아서
부수 이름을 '갓머리'라고 해.

갓머리

여기에서 찾아 쓰면 돼.

宀 魚 瓦 尸 八 丶

55

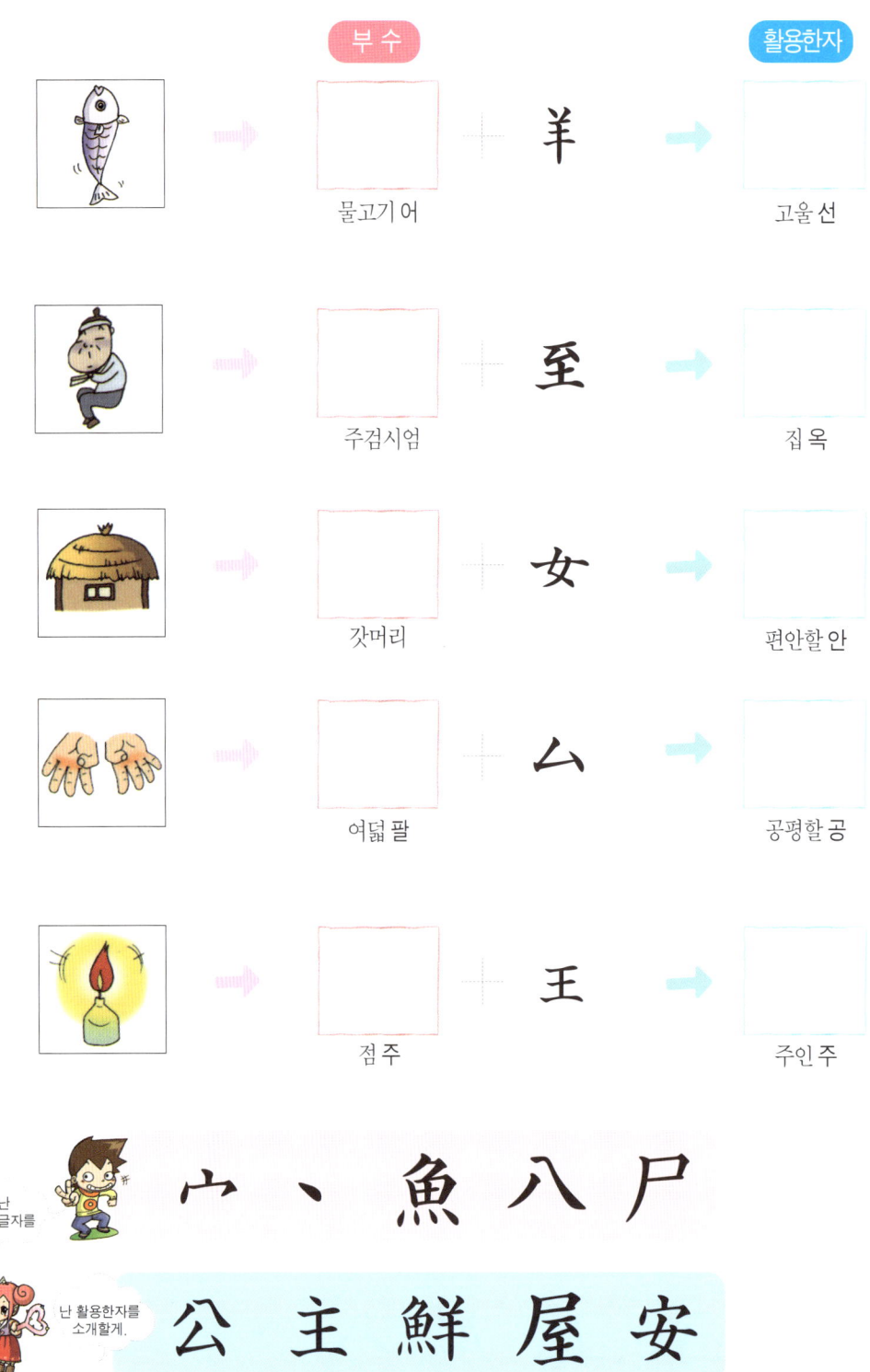

활용한자로 낱말을 공부해요

主人
주인주 사람인

安心
편안할안 마음심

生鮮
날생 고울선

公正
공평할공 바를정

家族
집가 겨레족

싱싱한 물고기

물건을 차지하고 있는 사람

근심없는 편안한 마음

공평하고 올바름

한 집안을 이루는 사람들

부수를 찾아 색칠해요

부수를 찾아 주어진 색을 칠하면 멋진 그림이 완성될 거야

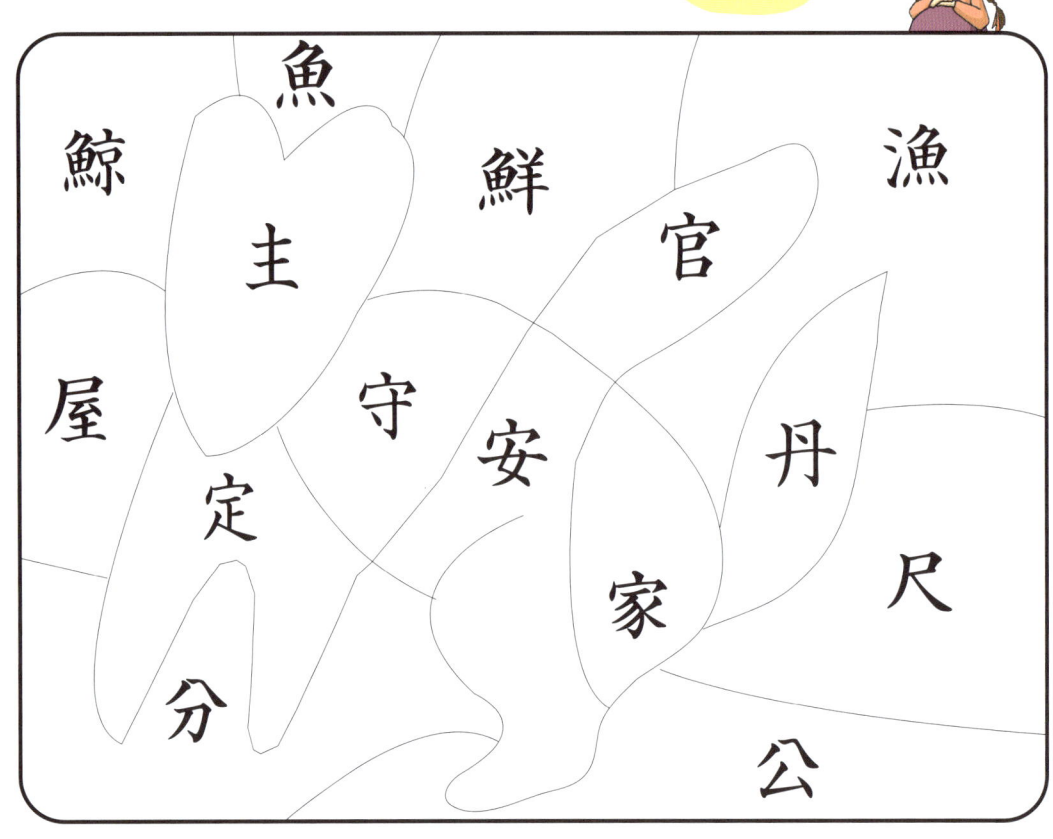

魚 鮮 漁 鯨 主 官 屋 守 安 丹 定 家 尺 分 公

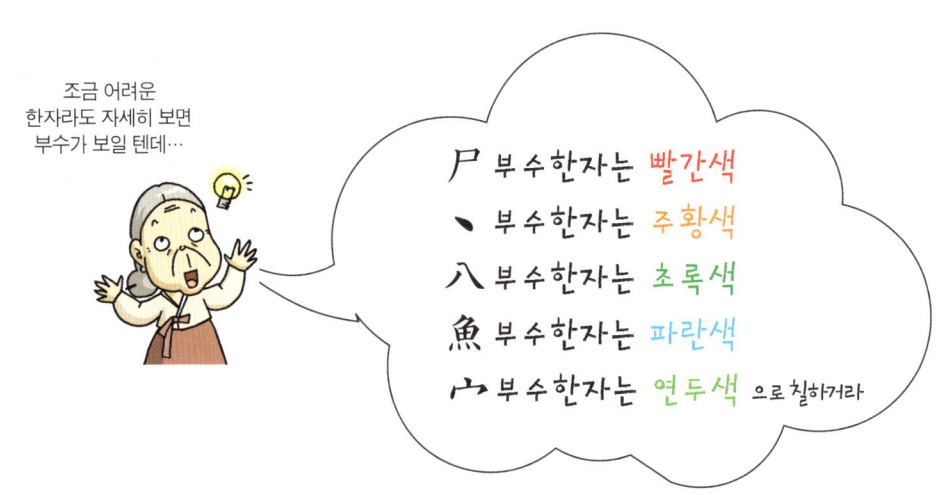

조금 어려운 한자라도 자세히 보면 부수가 보일 텐데…

尸 부수한자는 빨간색
丶 부수한자는 주황색
八 부수한자는 초록색
魚 부수한자는 파란색
宀 부수한자는 연두색 으로 칠하거라

이야기 속 한자부수를 기억해 봐요

2권 제3편 – 양서방의 재치

달 월

대나무 죽

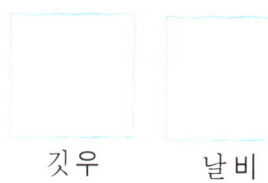
깃 우 　　　날 비

羽　飛　竹　月　長　衣(衤)　文

길 장

옷 의

글월 문

설명따라 그림따라 한자부수를 찾아요

반달 또는 초승달의 모양을 본뜬 글자란다.

달 월

대나무 줄기와 잎의 모양을 본뜬 한자야.

대나무 죽

새의 깃털 모양을 본떴어.

깃 우

새가 날개를 치며 날아오르는 모양을 본뜬 것으로 羽(깃 우)와 升(오를 승)을 합해서 만들었단다.

날 비

머리가 긴 노인이 지팡이를 짚고 서 있는 모양을 본떴어. 노인은 긴 세월을 산 사람이라 하여 '길다'는 뜻을 갖게 된 것이지.

길 장

윗옷의 깃을 본뜬 한자란다. 변으로 쓰일 때는 글자 모양이 '衤'로 바뀌고 '옷의변'이라고 해.

옷 의

이 글자는 무늬를 뜻하던 한자였는데 나중에 글자나 문장까지 나타내게 되었어.

글월 문

여기에서 찾아 쓰면 돼.

竹 月 飛 文 衣 (衤) 長 羽

관계있는 것끼리 줄을 그어요

 ・　　・月・　　・달월

 ・　　・長・　　・글월문

 ・　　・竹・　　・길장

 ・　　・衣・　　・깃우

 ・　　・文・　　・대나무죽

 ・　　・飛・　　・옷의

 ・　　・羽・　　・날비

활용한자의 부수를 찾아보아요

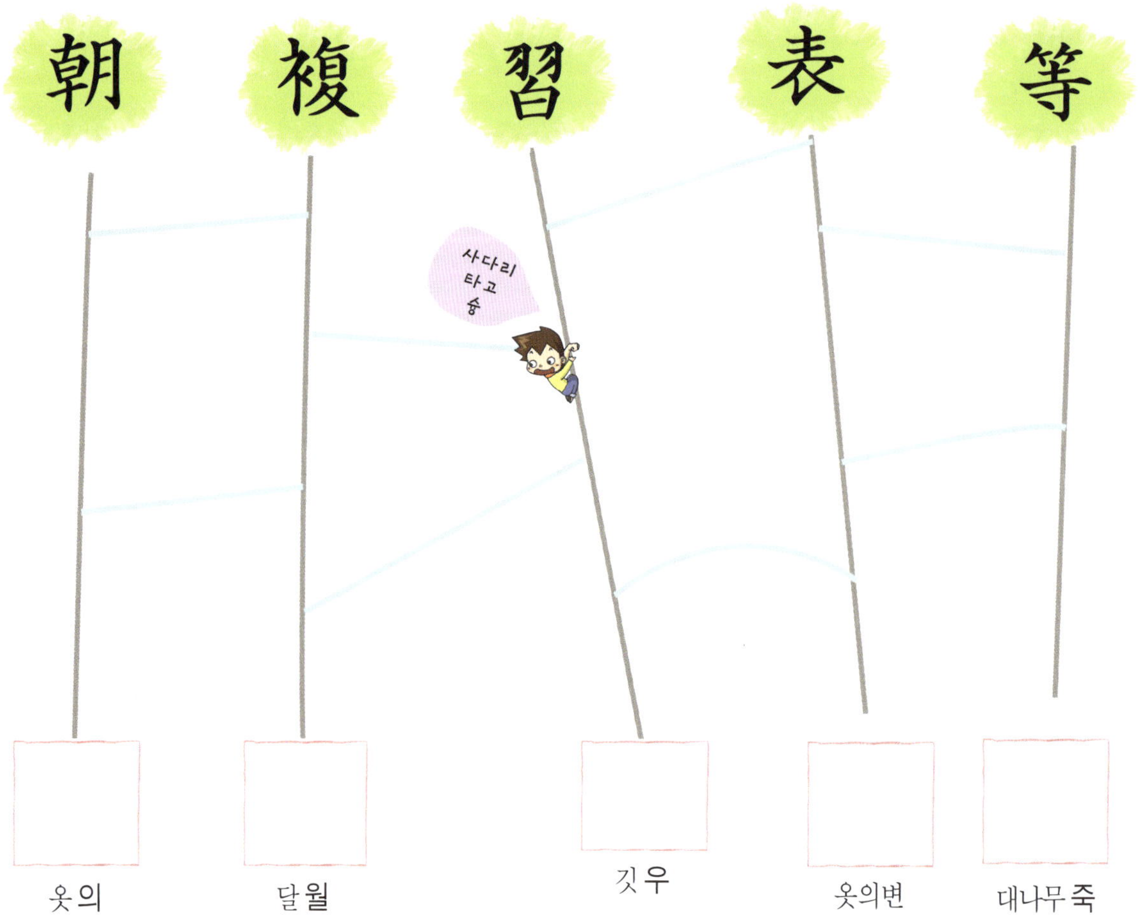

朝　複　習　表　等

사다리 타고 슝

옷의　달월　깃우　옷의변　대나무죽

여기에서 찾아 쓰면 돼.

衤 月 衣 羽 竹

2권 제4편—방귀마을

이야기 속 한자부수를 기억해 봐요

行
다닐 행

견줄 비

마늘 모

여기에서 찾아 쓰면 돼.

走(辶) 厶 行 比 豕 舌 刀(刂) 酉

돼지 시

혀 설

칼 도

갖은책받침

닭 유

설명따라 그림따라 한자부수를 찾아요

입(口)에서 내민 혀 모양(千)을 본뜬 한자야.

혀 설

사람들이 많이 다니는 네거리 모양을 본떴어.

다닐 행

사람이 나란히 앉아 있는 모양을 본뜬 한자인데, '늘어서다, 비교하다'라는 뜻을 나타낸단다.

견줄 비

글자 모양이 마치 마늘 쪽같이 생겨 '마늘모'라고 불러.

마늘 모

돼지의 머리, 다리, 꼬리를 본뜬 한자야.

돼지 시

술 단지 모양을 본뜬 한자란다. 西(서녘 서)와 비슷하게 생겼지? 서쪽으로 해가 지면 닭이 횃대에 올라 앉는 동물이라 횃대 모양의 一을 더한 것이라고 생각하렴.

닭 유

칼 모양을 본떴어.

칼 도

걸어가는 모양을 본뜬 한자인데, 이 글자가 부수로 쓰일 때는 모양이 辶모양(4획)으로 바뀌고 '책받침'으로 부른단다.

갖은책받침

 여기에서 찾아 쓰면 돼.

65

관계있는 것끼리 줄을 그어요

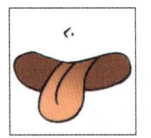 · · 豕 · · 혀 설

 · · 舌 · · 돼지 시

 · · 行 · · 다닐 행

 · · 酉 · · 닭 유

 · · 刀(刂) · · 갖은책받침

 · · 辵(辶) · · 칼 도

 · · 厶 · · 견줄 비

 · · 比 · · 마늘 모

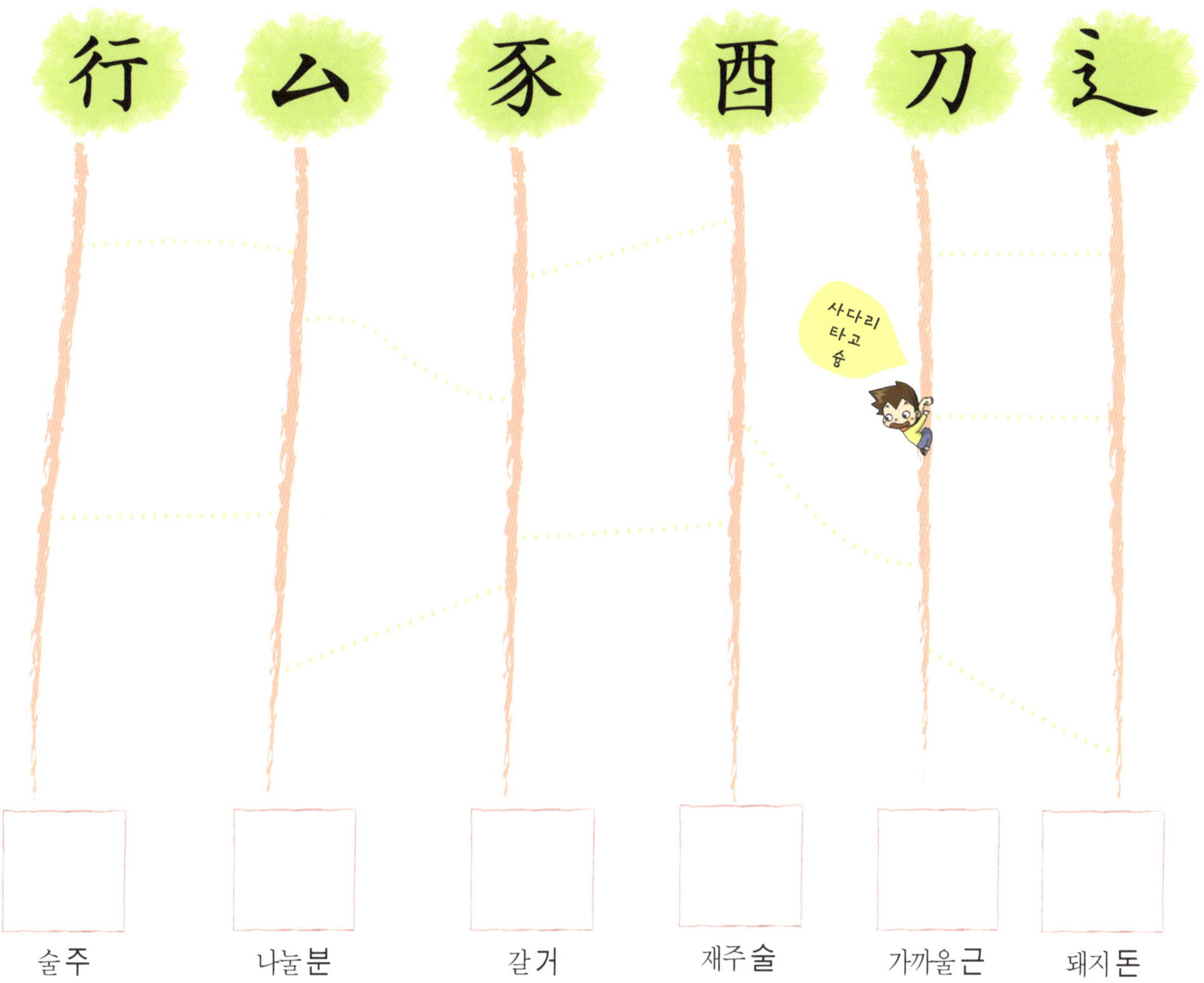

부수의 활용한자를 찾아보아요

| 行 | 厶 | 豕 | 酉 | 刀 | 辶 |

| 술 주 | 나눌 분 | 갈 거 | 재주 술 | 가까울 근 | 돼지 돈 |

여기에서 찾아 쓰면 돼.

酒　分　近　術　豚　去

설명에 맞는 낱말을 찾아요

보기에서 찾아 묶어주면 돼!

			養 기를양	豚 돼지돈	
	刊 새길간	行 행할행			
術 재주술			飮 마실음	酒 술주	
策 꾀책	分 나눌분				去 갈거
	析 가를석	近 가까울근	處 곳처		來 올래

보기

- 어떤 일을 꾸미는 꾀나 방법 ········· 술책
- 이익을 목적으로 사고파는 행위 ········· 거래
- 돼지를 기르고 키우고 기름 ········· 양돈
- 술을 마시는 것 ········· 음주
- 인쇄하여 발행함 ········· 간행
- 가까운 곳 ········· 근처
- 어떤 사물을 나누어 그 요소나 성분을 확실하게 밝힘 ········· 분석

이야기 속 한자부수를 기억해 봐요

2권 제5편 - 슬기로운 재판관

穴
구멍 혈

골 곡

볼 견

韋　谷　穴　見　口　革

입 구

가죽 혁

다룸가죽 위

69

설명따라 그림따라 한자부수를 찾아요

산등성이 (八)에 계곡의 입구(口)를 더해서 만든 글자로 골짜기를 가르키는 거야.

골 곡

동굴 모양을 본뜬 한자란다.

구멍 혈

目(눈 목)에 人(사람 인)을 붙여 만든 한자인데, 나중에 인이 儿(어진사람인발)로 모양이 바뀌었어.

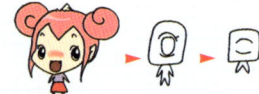

볼 견

벌린 입 모양을 본떴지.

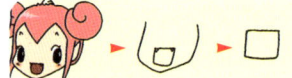

입 구

짐승을 잡아 가죽을 벗겨 놓은 모습을 본뜬 한자야.

가죽 혁

다룸가죽이란 무두질하여 부드럽게 된 가죽을 말해. 짐승 가죽을 필요한 크기로 잘라 무두질하는 모양을 본떴어.

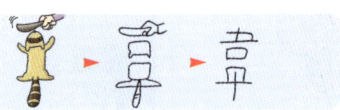

다룸가죽 위

여기에서 찾아 쓰면 돼.

口 穴 見 谷 革 韋

활용한자로 낱말을 공부해요

親近 친할친 가까울근 — 비어 있는 곳

名曲 이름명 악곡곡 — 아주 가까움

空間 빌공 사이간 — 뛰어나게 이름난 악곡

室內靴 집실 안내 신화 — 우리나라 이름

大韓民國 큰대 나라이름한 백성민 나라국 — 집안에서 신는 신발

부수를 따라가면 길이 나와요

부수가 맞게 표시됐으면 →
부수가 틀리게 표시됐으면 →

名　韓
親
靴
空

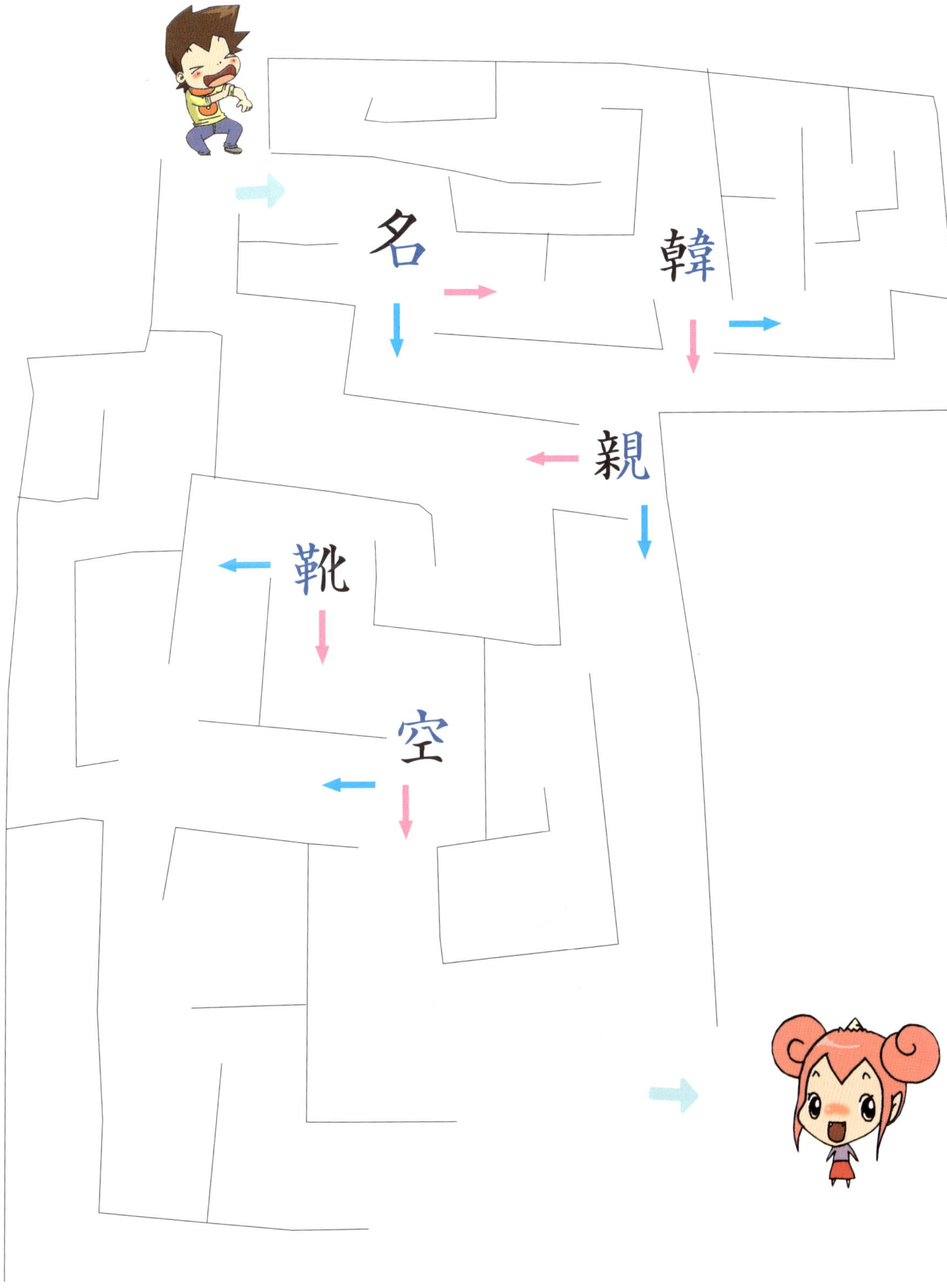

2권 제6편 – 독사의 보답

이야기 속 한자부수를 기억해 봐요

내 천

鹿
사슴 록

장수장변   조각 편

여기에서 찾아 쓰면 돼.

片 川 鹿 뉘 血 彡 戈

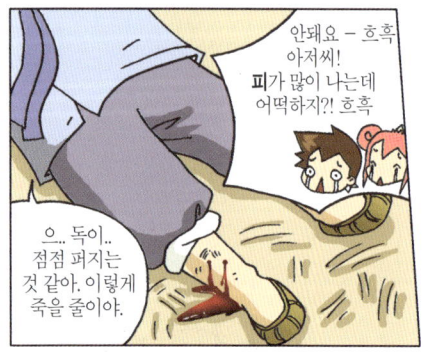
피 혈

창 과

터럭 삼

설명따라 그림따라 한자부수를 찾아요

언덕 사이로 물이 흐르는 모양을 본뜬 한자야. 이 부수는 '巛'과 같은 부수인데, 글자 모양이 개미같이 생겨서 '개미허리'라고 해.

내 천

사슴의 뿔과 머리, 네 다리를 본뜬 한자란다.

사슴 록

세로로 쪼개어진 나무의 왼쪽 모양을 본뜬 한자야. 장수장(爿)의 왼쪽에 있는 글자라서 '장수장변'이라고 해.

장수장변

세로로 쪼개어진 나무의 오른쪽 모양을 본떴어.

조각 편

옛날 사람들은 하늘에 제사를 지낼 때 짐승을 잡아 피를 그릇에 담아 바쳤는데, 그 모양을 본뜬 한자란다.

피 혈

나무 자루 끝에 쇠붙이 창살이 붙은 창 모양이야.

창 과

길게 자란 머리털을 보기 좋게 빗질한 모양을 본떴어.

터럭 삼

여기에서 찾아 쓰면 돼.

鹿 彡 片 血 戈 爿 川

설명에 맞는 낱말을 찾아요

보기에서 찾아 묶어주는 거야!

高 높을고		慶 경사경			
麗 고울려		州 고을주			出 날출
			形 모양형		版 널판지판
	戰 싸울전		式 법식		
	車 차차			民 백성민	
			衆 무리중		

보기

- 옛 신라의 도읍 ··· 경주
- 책이나 그림 등을 인쇄하여 세상에 내어놓음 ····················· 출판
- 전쟁에 쓰이는 차 ·· 전차
- 국가나 사회를 구성하는 일반국민 ····································· 민중
- 겉모양. 격식이나 절차 ··· 형식
- 후삼국을 통일해 왕건이 세운 우리나라의 옛이름 ············· 고려

활용한자의 부수를 찾아 보아요

形　州　麗　牆　版　戰　衆

사슴록　터럭삼　조각편　피혈　내천　창과　장수장변

여기에서 찾아 쓰면 돼.

血　爿　片　彡　川　戈　鹿

77

부수를 따라가면 길이 나와요

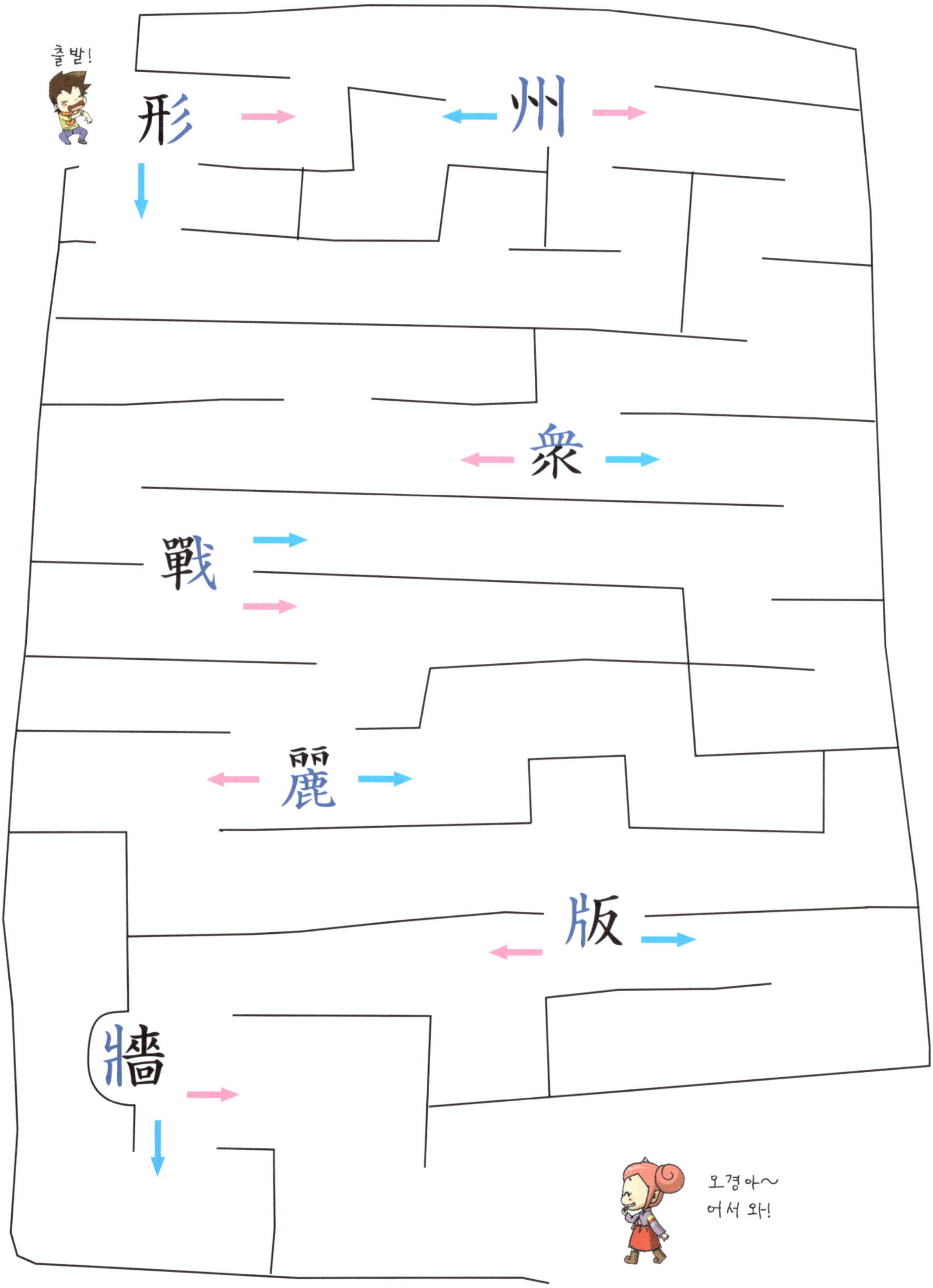

이야기 속 한자부수를 기억해 봐요

2권 제7편—진정한 우정

이수변

지게 호

수레 거

여기에서 찾아 쓰면 돼.

冫　　車　　戶　　頁　　父

머리 혈

아비 부

설명따라 그림따라 한자부수를 찾아요

얼음이 녹아 떨어지는 모양을 본뜬 한자란다.
독립된 한자로 '冫'(얼빙)이지만,
부수로 쓸 때는 '이수변'이라고 불러.

이수변

수레 모양을 위에서 보고 본뜬 한자야.

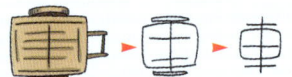

수레 거
수레 차

문의 모양을 본뜬 한자로 보통은 '지게 호'로 읽혀.
문이나 집을 뜻할 때는 '문 호'나 '집 호'라고도 해.

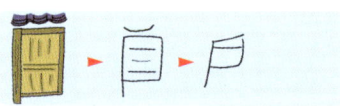

지게 호

사람의 머리를 보고 본뜬 한자란다.

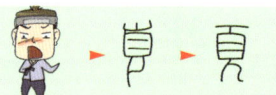

머리 혈

자식을 가르치는 아버지의 모습 같지?

아비 부

여기에서
찾아 쓰면 돼.

冫 戶 父 頁 車

관계있는 것끼리 줄을 그어요

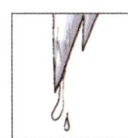 • 　 • 父 • 　 • 이수변(얼 빙)

 • 　 • 車 • 　 • 아비 부

 • 　 • 冫 • 　 • 머리 혈

 • 　 • 戶 • 　 • 수레 거, 수레 차

 • 　 • 頁 • 　 • 지게 호

부수를 찾아 색칠해요

부수를 찾아 주어진 색을 칠하면 멋진 그림이 완성될 거야

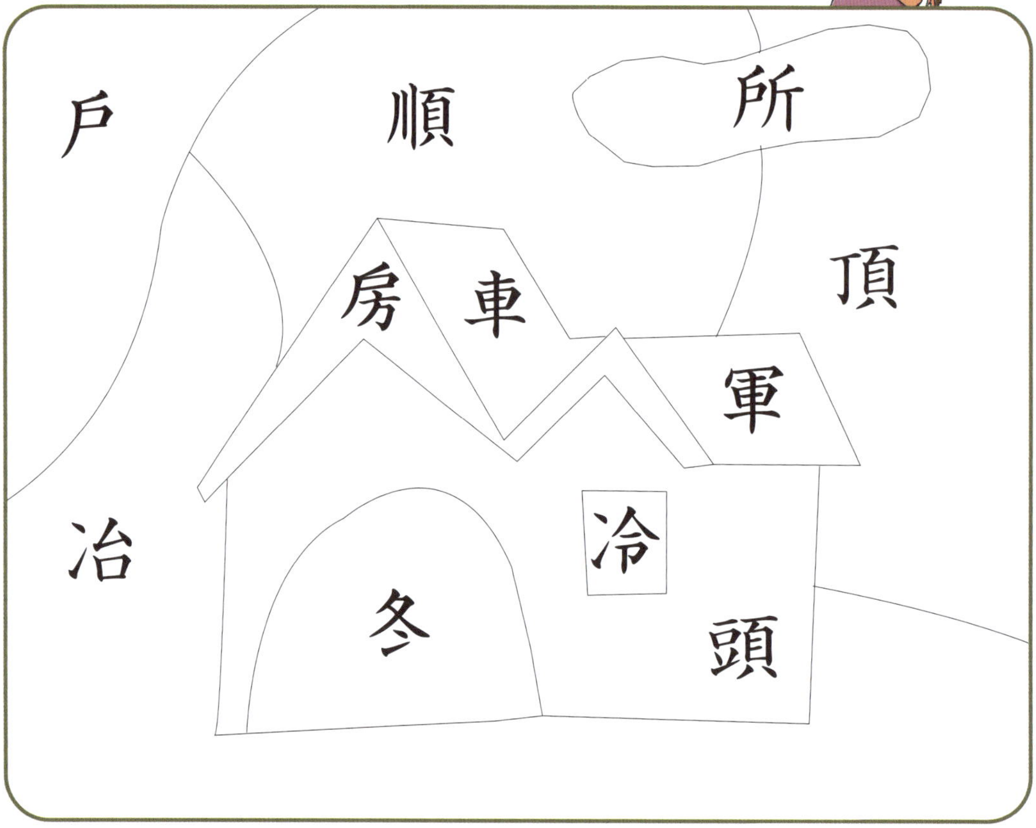

戶　順　所
　房　車　頂
　　　軍
冶　　　冷
　　冬　　頭

조금 어려운 한자라도 자세히 보면 부수가 보일 텐데…

車 부수한자는 빨간색
冫 부수한자는 초록색
戶 부수한자는 주황색
頁 부수한자는 파란색으로 칠하거라

 부수를 따라가면 길이 나와요

부수가 맞게 표시됐으면 →
부수가 틀리게 표시됐으면 →

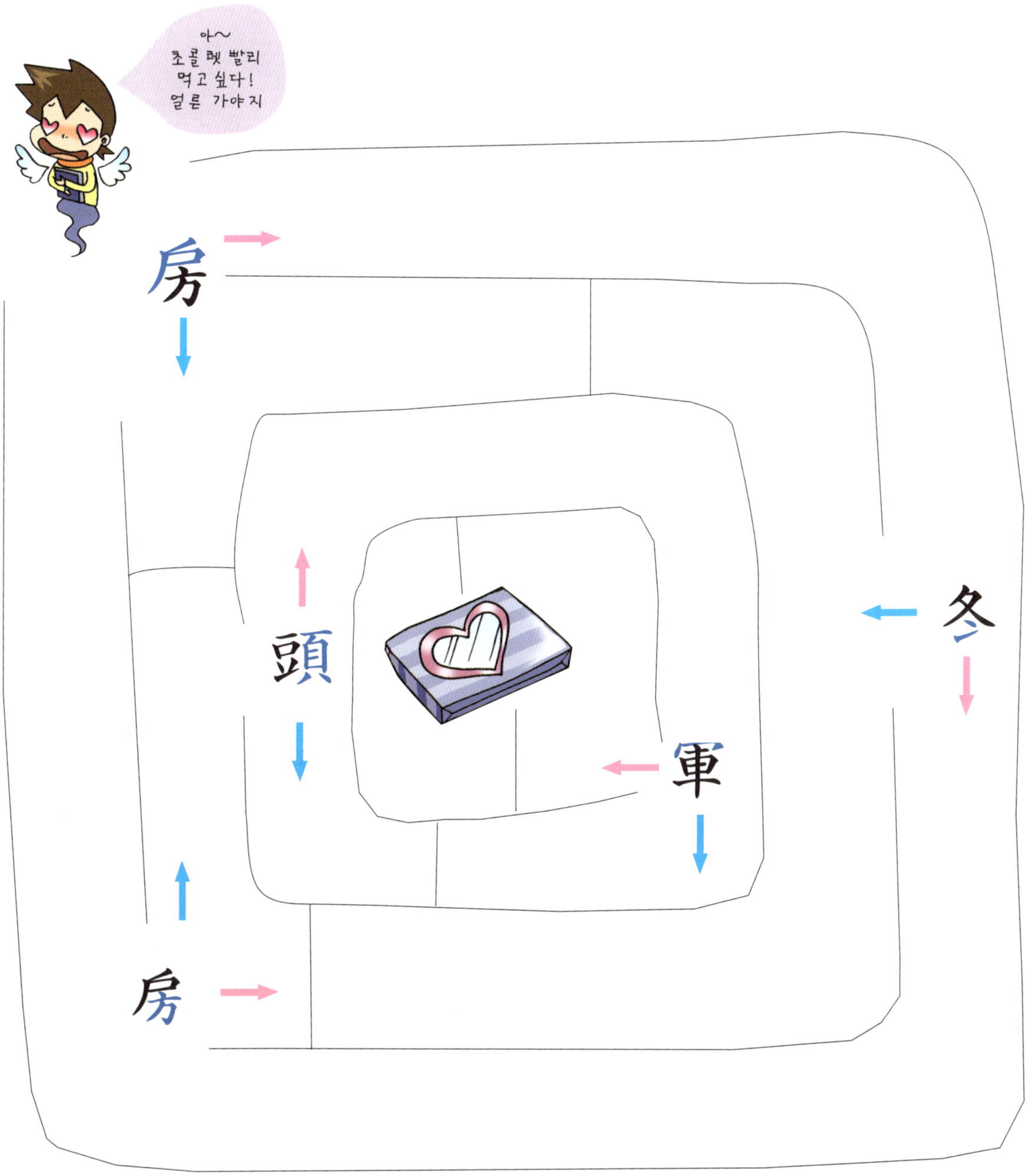

2권 제8편 — 고려장 이야기

이야기 속 한자부수를 기억해 봐요

虫
벌레 충

귀 이

병부 절

 여기에서 찾아 쓰면 돼.

卩　虫　耳　宀　鳥　糸

실 사

새 조

민갓머리

설명따라 그림따라 한자부수를 찾아요

머리가 큰 독사의 모양을 본뜬 글자야.

벌레 충

귀를 보고 그 모양을 본떴어.

귀 이

사람이 절하는 모습을 본뜬 한자야

병부 절

실을 감은 실타래 모양을 본뜬 한자란다.

실 사

새의 모습을 본뜬 한자야.
주로 새와 관련된 한자에 부수로 쓰이지.

새 조

천으로 덮은 모양을 본뜬 한자란다.
갓머리와 닮았지만 위에 점이 없어서 '민갓머리'라고 불러.

민갓머리

여기에서 찾아 쓰면 돼.

冖 鳥 卩 糸 耳 虫

85

관계있는 것끼리 줄을 그어요

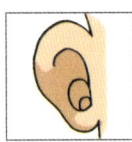   耳   귀 이

   虫   민갓머리

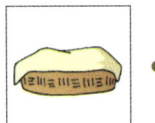   冖   벌레 충

   卩   실 사

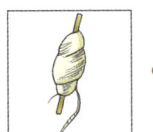   鳥   병부 절

   糸   새 조

부수의 활용한자를 찾아보아요

虫   耳   糸   鳥   卩

울 명   도장 인   벌레 충   맺을 결   들을 문

結   聞   鳴   印   蟲

부수를 따라가면 길이 나와요

부수가 맞게 표시됐으면 →
부수가 틀리게 표시됐으면 →

도깨비 방망이를 잃어버렸어. 나를 좀 도와줘. 파란 글자가 부수인데…

蟲 聞 印 鳴 結 鳴

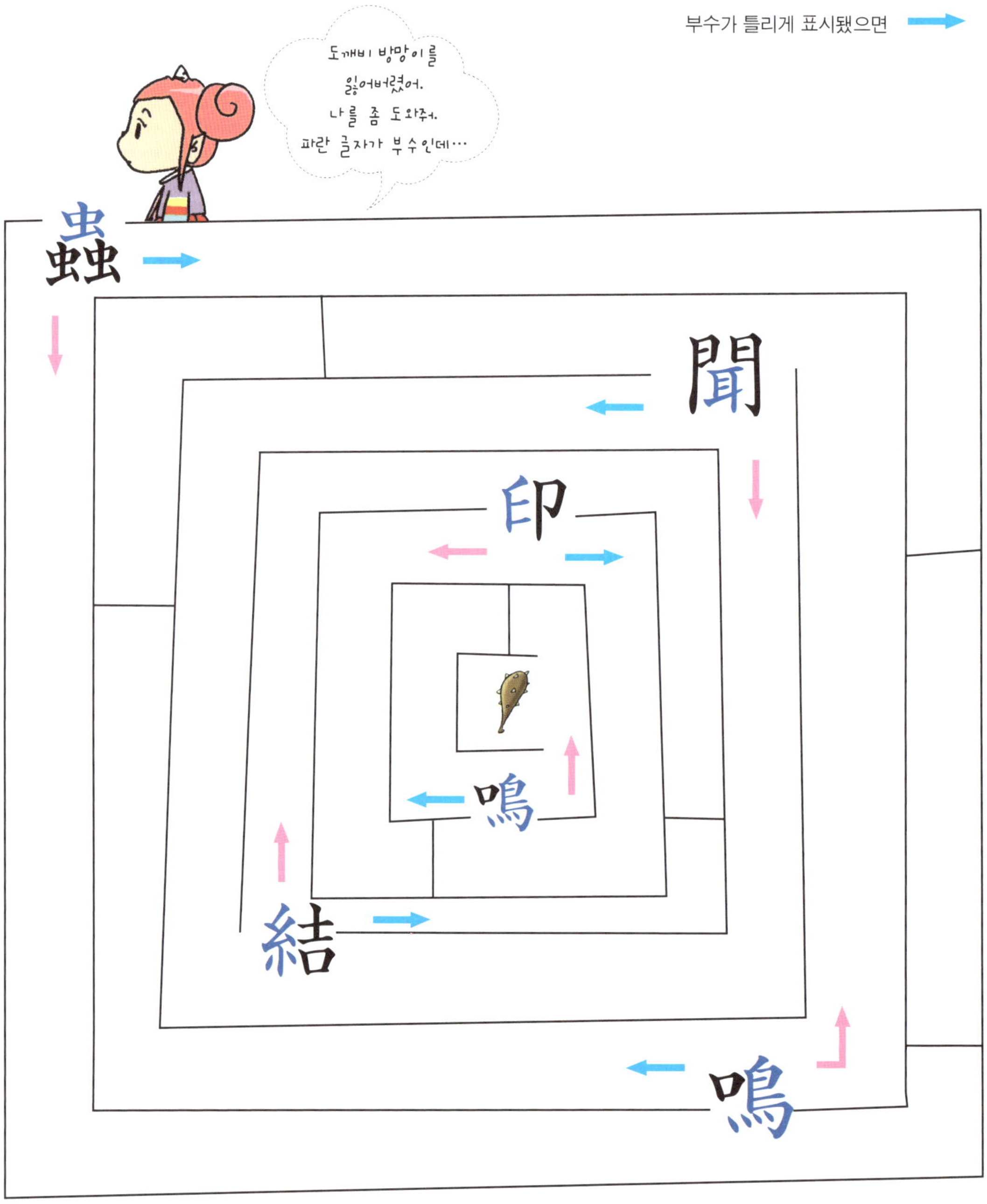

이야기 속 한자부수를 기억해 봐요

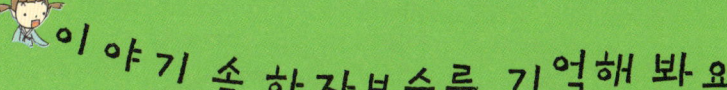
3권 제1편—소리로 냄새 갚기

豆

콩 두

쌀포몸

작을 요

여기에서 찾아 쓰면 돼.

幺　ㄅ　豆　火　食　鼻　辛

불 화　　　　코 비　　　　밥 식　　　　매울 신

89

설명따라 그림따라 한자부수를 찾아요

콩을 나타내는 한자야.

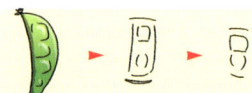

콩 두

사람이 팔로 무엇을 감싸고 있는 모습을 나타냈어.

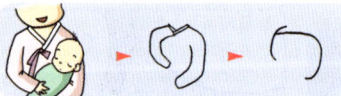

쌀포몸

한 묶음의 작은 실을 본떠 만든 것으로, '작다'는 뜻을 나타낸단다.

작을 요

불이 위로 활활 타오르는 모양을 본떴어. 한자의 아래 부분에 받침으로 쓰일 때는 모양이 '灬'로 바뀌고 '연화발'이라고 불러.

불 화

코의 모양을 본떠 만든 自(스스로자)에 발음을 나타내는 畀(줄 비)를 더해 만들어진 글자란다.

코 비

음식물이 담긴 그릇 위에 뚜껑이 있는 모양을 본떠 만든 한자야.

밥 식

형벌을 가하던 도구의 모양을 본떴어.

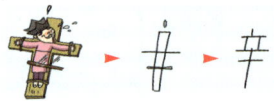

매울 신

여기에서 찾아 쓰면 돼.

火 勹 幺 鼻 辛 豆 食

부수의 활용한자를 찾아 보아요

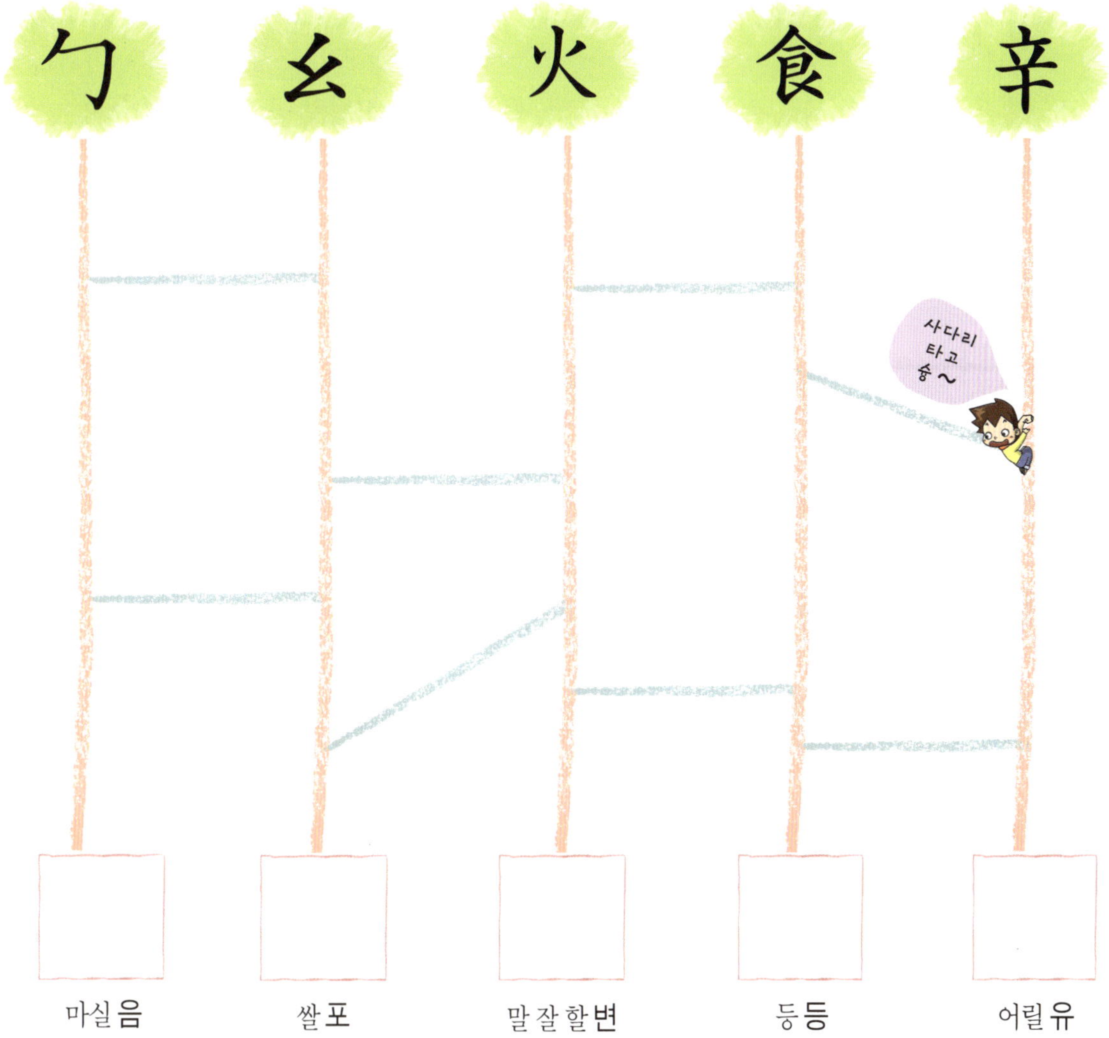

| 勹 | 幺 | 火 | 食 | 辛 |

마실음 쌀포 말 잘할변 등등 어릴유

여기에서 찾아 쓰면 돼.

燈　幼　包　飮　辯

활용한자로 낱말을 공부해요

飲酒
마실음 술주

辯明
말잘할변 밝을명

燈臺
등등 대대

幼年
어릴유 해년

바닷가나 섬 같은 곳에 높이 세워 밤에 다니는 배를 위해 뱃길이나 위험한 곳을 알려 주는 것

술을 마심

어린 시절

옳고 그름을 가려 밝힘

부수를 찾아 색칠해요

3권 제2편 - 억수로 운 좋은 사나이

이야기 속 한자부수를 기억해 봐요

| 멀 경 | 高 높을 고 | 활 궁 | 화살 시 |

 여기에서 찾아 쓰면 돼.

高 矢 弓 隹 冂 网

그물 망

새 추

설명따라 그림따라 한자부수를 찾아요

멀리 둘러싸고 있는 나라의 경계나 성곽을 나타냈어.

멀 경

성의 망루나 그 성의 우두머리가 사는 집을 본떴단다.

높을 고

가운데가 볼록하게 굽은 활의 모양과 비슷하지?

활 궁

화살의 모양을 본뜬 글자야.

화살 시

그물 모양을 본뜬 한자인데, 부수로 쓰일 때는 'ㅉㅉ' 모양이 된단다.

그물 망

새의 모양을 본떠 만들었어.

새 추

여기에서 찾아 쓰면 돼.

高 网 弓 矢 冂 隹

빈칸에 알맞은 부수와 활용한자를 넣어요

그림	부수		활용한자
성문	멀 경	+ 冊	 책 책
활	활 궁	+ ㅣ	끌 인
 화살	화살 시	+ 口	알 지
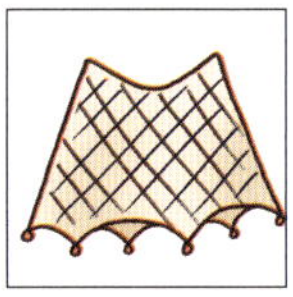 그물	그물 망	+ 非	허물 죄
 새	새 추	+ 木	모을 집

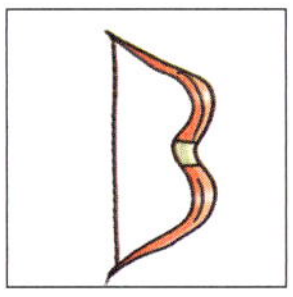

난 부수글자를 소개할게. 冂 网 弓 矢 隹

난 활용한자를 소개할게. 知 冊 引 罪 集

활용한자로 낱말을 공부해요

知識 (알지 알식) — 책을 파는 서점

引上 (끌인 윗상) — 위로 끌어올림

集散 (모을집 흩을산) — 알고 있는 내용이나 사물의 이치를 분별하여 아는 것

冊房 (책책 방방) — 죄와 잘못

罪過 (허물죄 잘못과) — 모이거나 흩어짐

부수를 따라가면 길이 나와요

부수가 맞게 표시됐으면 →
부수가 틀리게 표시됐으면 →

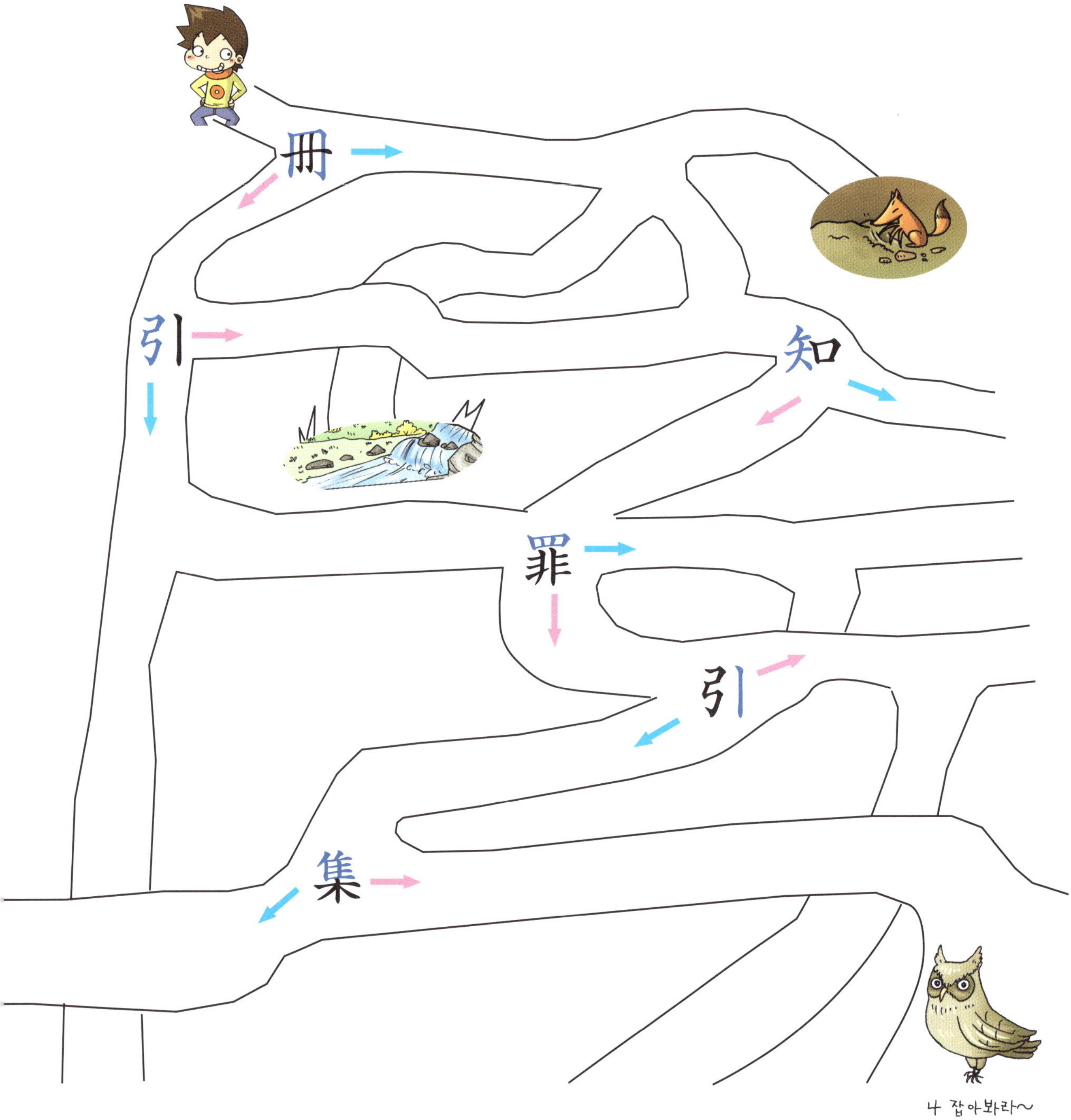

冊　引　知　罪　引　集

이야기 속 한자부수를 기억해 봐요

3권 제3편—노인의 지혜

瓜
오이 과

이 치

그릇 방

감출 혜

여기에서 찾아 쓰면 돼.

口 匚 匸 瓜 臼 齒 玄 立

절구 구

에울 위

검을 현

설 립

99

설명따라 그림따라 한자부수를 찾아요

오이 덩굴에 오이가 달려 있는 모양을 본떴어.

오이 과

소리를 나타내는 止(지 → 치 : 변음현상)와 입을 벌려서 이가 드러난 모양을 본뜬 글자를 합해서 만들었어.

이 치

물건을 담는 큰 그릇을 본떴어.
口(입 구)의 옆이 터진 모양과 같아서 '터진입구몸' 이라고도 해.

그릇 방

물건을 저장해두는 그릇을 보고 만든 글자야.
'터진에운담'이라고도 불러.

감출 혜

절구통의 모양을 본떠 만든 한자야.

절구 구

사방을 둘러싼 모양을 생각하여 만든 한자란다.

에울 위

幺(작을 요)와 덮개를 본뜬 亠(돼지해머리)가 더해진 글자로 '그윽하고 컴컴하여 멀다'라는 뜻을 나타내.

검을 현

사람이 땅 위에 서 있는 모양을 본떴어.

설 립

여기에서 찾아 쓰면 돼.

瓜　齒　匚　匸　臼　囗　玄　立

관계있는 것끼리 줄을 그어요

 • • 齒 • • 설 립

 • • 瓜 • • 이 치

 • • 立 • • 에울 위

 • • 臼 • • 오이 과

 • • 口 • • 절구 구

 • • 匚 • • 검을 현

 • • 玄 • • 그릇 방

 • • 匸 • • 감출 혜

부수의 활용한자를 찾아 보아요

匸		가둘 수
匸		숨길 닉
臼		나란히 병
口		거느릴 솔
玄		비적 비
立		옛 구

여기에서 찾아 쓰면 돼.

匪 囚 舊 率 竝 匿

부수를 찾아 표시해요

한자를 보고 부수를 찾아 표시해 주는 거야~

匿
玄　　囚
　瓜
匪　齒
　　率
　　立
　　竝　　舊

3권 제4편—행복한 사람

이야기 속 한자부수를 기억해 봐요

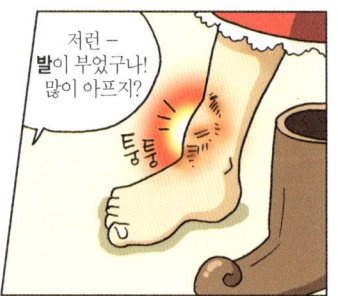

辰
별 진

거북 귀

발 족

여기에서 찾아 쓰면 돼.

髟　辰　足　龜　貝　牙

어금니 아

조개 패

터럭 발

설명따라 그림따라 한자부수를 찾아요

껍데기 밖으로 조갯살을 내밀고 있는 조개 모양을 본떠 만든 글자였는데, 나중에 별이나 열두 띠 중 용을 나타내는 뜻으로 쓰이게 됐어.

별 진

거북의 모양을 본떠 만든 글자야.
거북이를 뜻하며, '구'라고도 읽어.

거북 귀

사람의 발 모양을 본뜬 것으로
발의 동작, 상태를 나타내는 한자에 부수로 많이 쓰여.
한자의 왼쪽 변에서 사용될 때는 모양이 '⻊'로 바뀐단다.

발 족

위 아래 어금니가 서로 맞물린
이빨의 모양을 본뜬 한자란다.

어금니 아

조가비 모양을 본뜬 한자야.
옛날에는 조가비가 돈처럼 사용되었기 때문에
이 부수가 들어간 한자는 돈과 관계가 있어.

조개 패

머리카락과 터럭으로 뒤덮인 모양을 본떴지.

터럭 발

여기에서
찾아 쓰면 돼.

龜　辰　貝　牙　足　髟

105

이름에 맞는 부수를 찾아보아요

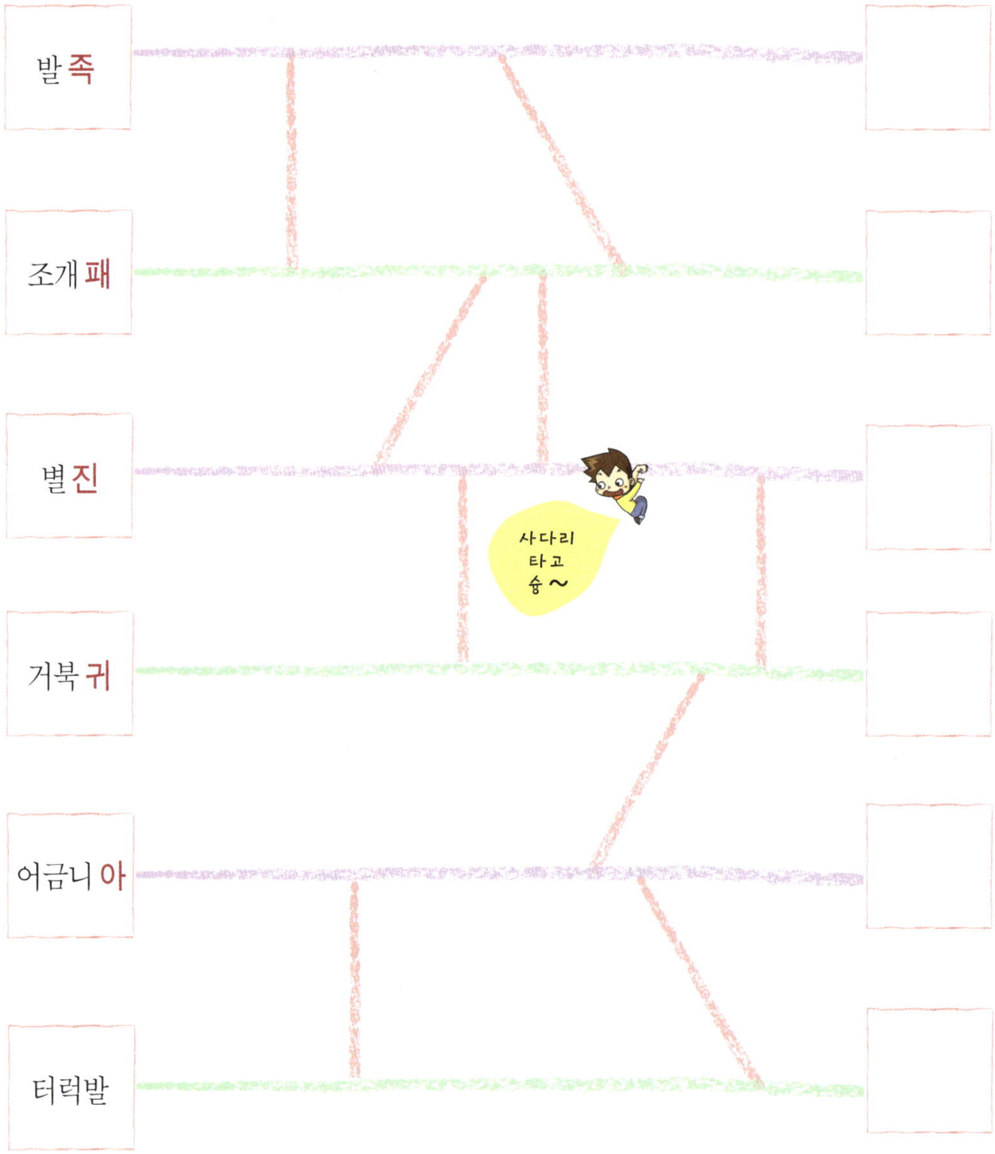

발 족

조개 패

별 진

거북 귀

어금니 아

터럭 발

사다리 타고 슝~

여기에서 찾아 쓰면 돼.

足 牙 貝 辰 龜 彡

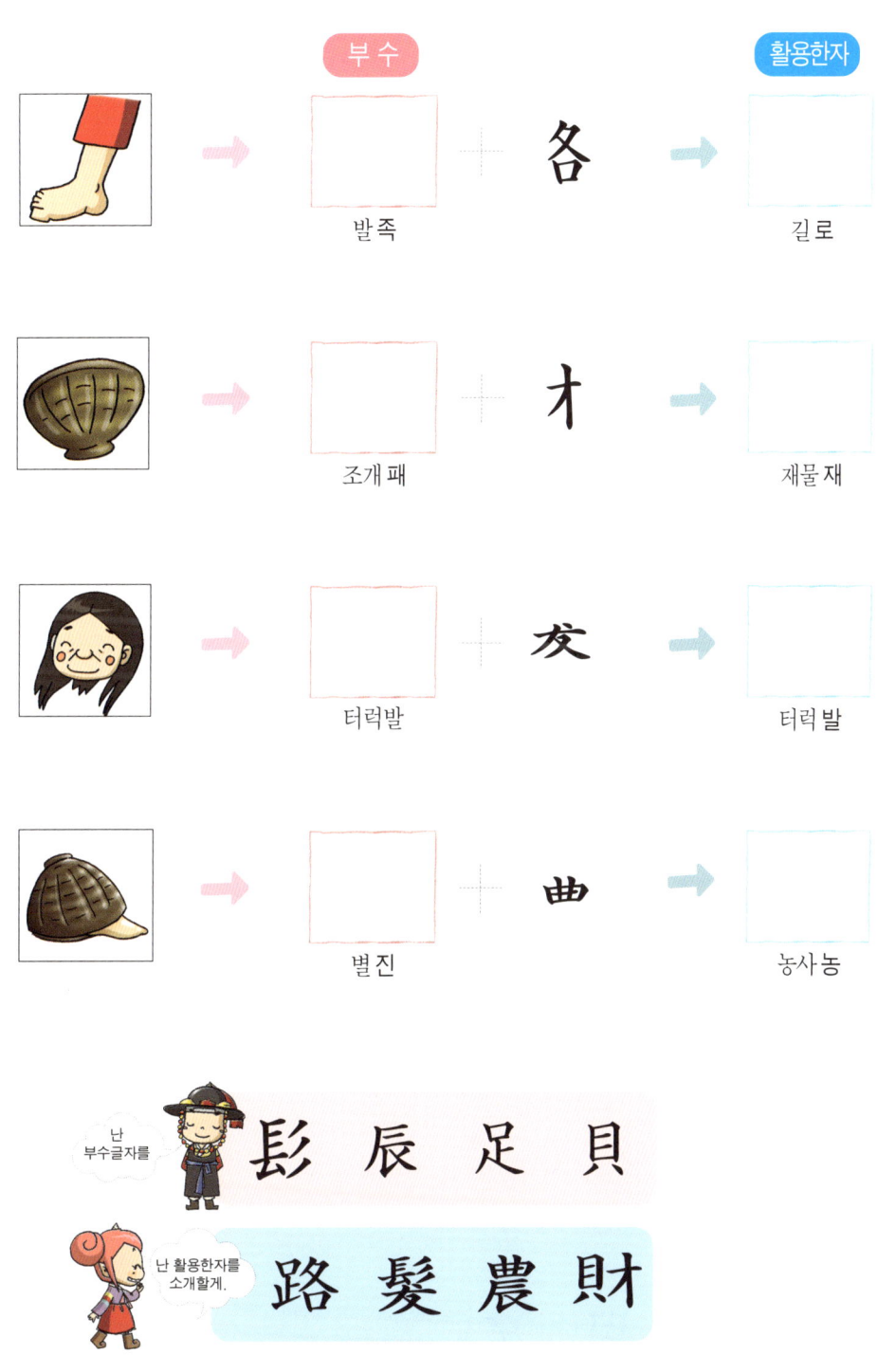

활용한자의 부수를 찾아보아요

활용한자

- 農 농사농
- 路 길로
- 財 재물재
- 髮 터럭발

부수

- ☐ 터럭발
- ☐ 발족
- ☐ 조개패
- ☐ 별진

여기에서 찾아 쓰면 돼.

髟　辰　貝　足

이야기 속 한자부수를 기억해 봐요

3권 제5편 – 현명한 하인

도끼 근

삐침

고을 읍

ノ 邑 耒 斤 匕 目

쟁기 뢰

비수 비

눈 목

설명따라 그림따라 한자부수를 찾아요

'한 근, 두 근'이라고 말하는 것처럼 무게를 재는 단위로도 쓰인단다.

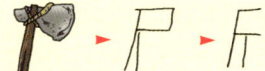

도끼 근

모양 그대로 오른쪽 위에서 왼쪽 아래로 굽게 삐친 모양의 획이야. '삐침 별'자로 읽기도 해.

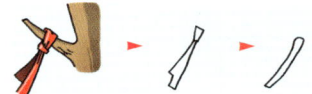

삐침

사람이 모여 사는 고을을 생각하여 만든 글자란다. 한자의 오른쪽에 붙어서 부수로 쓰일 때가 많은데, 그 때는 글자 모양이 阝로 바뀌고 '우부방'이라고 불러.

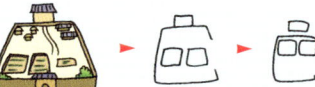

고을 읍

쟁기 모양을 본뜬 글자란다. 쟁기는 논이나 밭을 갈던 농기구 중 하나야.

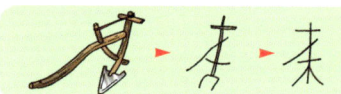

쟁기 뢰

끝이 뾰족했던 옛날 숟가락을 본떠 만든 글자란다.

비수 비

사람의 눈 모양을 본떴어.

눈 목

여기에서 찾아 쓰면 돼.

斤 匕 目 耒 丿 邑

110

관계있는 것끼리 줄을 그어요

   七   도끼 근

   邑   고을 읍

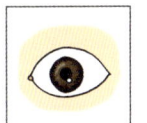   斤   비수(숟가락) 비

   目   삐침

   耒   눈 목

   丿   쟁기 뢰

부수의 활용한자를 찾아보아요

斤　　ノ　　耒　　匕　　目

사다리 타고 슝~

될화　　볼간　　오랠구　　밭갈경　　새로울신

여기에서 찾아 쓰면 돼.

化　看　新　耕　久

활용한자로 낱말을 공부해요

- 永久 길영 오랠구 • • 끝없이 오랜 것
- 耕作 밭갈경 지을작 • • 새해
- 化石 될화 돌석 • • 땅을 갈아 농사를 지음
- 新年 새로울신 해년 • • 가게 이름을 써서 내거는 표지
- 看板 볼간 널판지판 • • 변하여 돌이 됨

3권 제6편 – 쥐의 선물

青
푸를 청

몸 신

벼 화

여기에서 찾아 쓰면 돼.

丨　青　身　麥　禾　夕

저녁 석

보리 맥

갈고리 궐

# 설명따라 그림따라 한자부수를 찾아요

땅을 뚫고 돋아난 푸른 풀과 붉은색 광석을 합친 글자로 원래 푸른색 광석을 뜻했단다.

푸를 청

배가 나온 사람을 본뜬 글자야.

몸 신

익은 벼의 모양을 본떴어.

벼 화

저녁 무렵에 뜨는 달의 모양을 본 뜬 글자야.
月(달 월)에서 획이 하나 빠진 것은
달이 아직 다 떠오르지 않은 때임을 나타내지.

저녁 석

처음 來(올 래)가 보리를 뜻하는 글자였으나
이 글자가 나중에 '오다'의 뜻으로 쓰이게 되자
來자 아래에 뿌리까지 그려 넣은 麥(보리맥)이 생겼어.

보리 맥

갈고리 모양을 본떴지.

갈고리 궐

 여기에서 찾아 쓰면 돼.

身 青 禾 亅 夕 麥

관계있는 것끼리 줄을 그어요

 • 夕 • 갈고리 궐

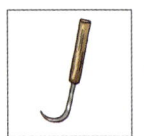 • 身 • 보리 맥

 • 亅 • 저녁 석

 • 禾 • 몸 신

 • 青 • 푸를 청

 • 麥 • 벼 화

활용한자로 낱말을 공부해요

種子
씨 종 아들 자

• • 고요하고 엄숙함

外出
바깥 외 날 출

• • 씨앗

靜肅
고요할 정 엄숙할 숙

• • 주목 받을 만한 뜻밖의 일

事件
일 사 물건 건

• • 밖으로 나감

부수를 따라가면 길이 나와요

부수가 맞게 표시됐으면 →
부수가 틀리게 표시됐으면 →

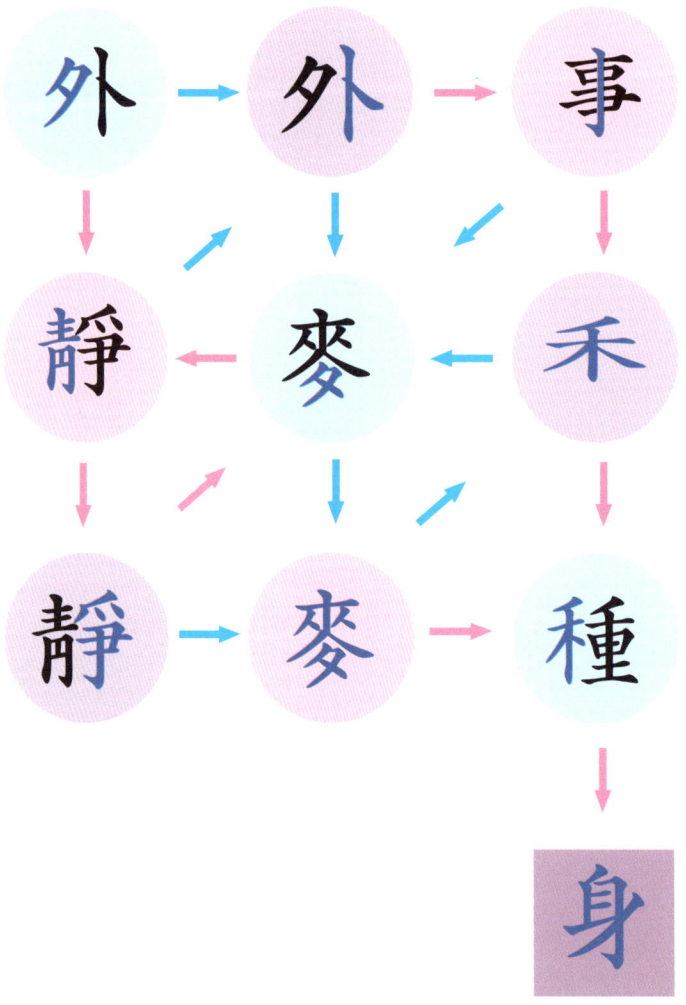

 어려워 보여? 걱정 마. 오경이도 쉽게 했어.

 나도 해 보고 싶은데…

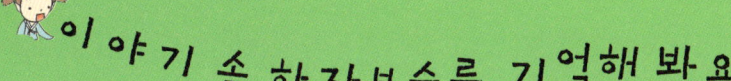

이야기 속 한자부수를 기억해 봐요

3권 제7편—미련한 호랑이

창 모

새 을

붉을 적

검을 흑

여기에서 찾아 쓰면 돼.

丨　矛　乙　非　虍　赤　黑

아닐 비

범호밑

뚫을 곤

설명따라 그림따라 한자부수를 찾아요

고대에 쓰던 창을 본뜬 글자야.

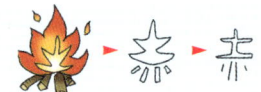

창 모

가만히 앉아 있는 새 모양과 닮았지?

새 을

大(큰 대)와 火(불 화)가 더해진 글자로, 크게 불타는 불꽃이 붉은 색이잖니? 나중에 大가 土로 변한 거야.

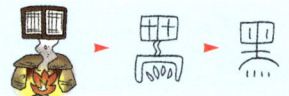

붉을 적

두 날개가 서로 등진 모양을 본떠 만든 한자란다. 그래서 '아니다' 또는 '어긋나다', '등지다'라는 뜻을 가지게 되었지.

아닐 비

불을 피워 연기를 내보내는 창문이 검게 그을린다는 데서 나온 한자라고도 해.

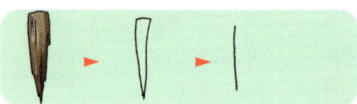

검을 흑

범의 모양을 본떠서 만든 글자로 '범호엄'이라고도 해. 이 부수자를 가진 한자는 범과 관련된 뜻을 가져.

범호밑

긴 장대의 모양을 본뜬 글자란다. '위 아래로 통할 곤'으로도 읽어.

뚫을 곤

여기에서 찾아 쓰면 돼.

矛 赤 乙 丨 非 虍 黑

관계있는 것끼리 줄을 그어요

 · · 赤 · · 새 을

 · · 乙 · · 아닐 비

 · · 非 · · 붉을 적

 · · 丨 · · 검을 흑

 · · 虍 · · 뚫을 곤

 · · 黑 · · 범호밑

 · · 矛 · · 창 모

활용한자로 낱말을 공부해요

| 한가운데 | 아무 말도 없이 잠잠히 있음 | 소의 젖 | 호랑이 가죽 |

중앙 · 우유 · 호피 · 침묵

사다리 타고 슝~

沈☐ ☐皮 牛☐ ☐央
잠길침 잠잠할묵 범호 가죽피 소우 젖유 가운데중 가운데앙

여기에서 찾아 쓰면 돼.

乳 中 默 虎

이야기 속 한자부수를 기억해 봐요

3권 제8편—닭 한 마리의 값

필발머리   모방   향기 향

 여기에서 찾아서 쓰면 돼.

西 癶 方 香 几 山 斗

덮을 아   산 산   안석 궤   말 두

설명따라 그림따라 한자부수를 찾아요

두 발이 서로 어긋난 채 마주하고 있는 모양이나 걷는 모양을 본뜬 한자란다.

필발머리

마주 댄 두 척의 배 모양 또는 양쪽에 손잡이가 달린 쟁기를 본떠 만든 글자라고 해.
나중에 방향을 뜻하는 글자가 되었어.

모 방

곡식을 솥에 넣어 끓이는 모양을 본뜬 글자로 밥이 끓는 향기를 뜻하지.

향기 향

무언가를 덮어놓은 모양을 본뜬 한자야.
부수자로 쓰일 때는 모양이 覀로 바뀐단다.
그리고 西(서녘 서)도 이 부수자로 찾아야 해.

덮을 아

세 개의 봉우리가 있는 산의 모습을 본떴어.

산 산

옛날 사람들이 자리에 앉을 때 팔을 얹거나 몸을 기대던 것의 모양을 본떠 만든 한자야.

안석 궤

자루가 달린 열 되들이 그릇을 본떠 만든 한자란다.
열 되를 한 말이라고 하거든.

말 두

 여기에서 찾아 쓰면 돼.

124

관계있는 것끼리 줄을 그어요

　　　灬　　　안석 궤

　　　几　　　모 방

　　　山　　　필발머리

　　　斗　　　향기 향

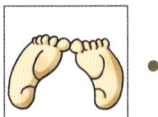　　　方　　　산 산

　　　西　　　덮을 아

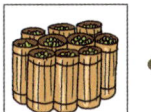　　　香　　　말 두

3권 마지막—청각대왕이 알려주는 부수

깍지가 빠트린 주요부수 ①

집의 지붕과 한쪽 벽면을 본떠서 만든 거야 → 엄호

전쟁에서 병사들이 사용하던 방패를 본떴지 → 방패 간

공구의 모양을 본뜬 글자란다. → 장인 공

손을 본뜬 又(또 우)와 一(한 일)을 더해 만들어졌는데, 손목 아래 한치 되는 곳(맥박이 뛰는 곳)을 표시한 거야. → 마디 촌

풀이 무더기로 자라는 모양을 본뜬 것인데 부수로 쓰일 때는 주로 '艹'로 많이 쓰고, '초두머리'라고 해. → 풀 초(초두머리)

사람의 발바닥 모양을 본뜬 글자로 발을 뜻했으나, 뒤에 '그치다'라는 뜻으로 주로 쓰였어. → 그칠 지

손에 막대기를 들고 있는 모양을 본뜬 글자야. 부수로 쓰일때는 주로 오른쪽에 쓰이고, 모양도 대부분 '攵(등글월문)'으로 쓰여. → 칠 복(등글월문)

'~하지 말라'는 뜻을 나타내는 부수인데, 母(어미 모)와 같이 젖가슴을 가진 여자를 본뜬 글자란다. → 말 무

 여기에서 찾아 쓰면 돼.

广　干　艹(⺿)　止　工　毋　攴(攵)　寸

깍지가 빠트린 주요부수 ②

윗부분에 거는 고리가 있는 숟가락 모양을 본뜬 글자야. 시간이 흐르면서 지금처럼 글자 모양이 바뀌고 성씨를 나타내는 한자가 되었어.

성씨 씨

무릎과 종아리, 발 모양을 본뜬 한자부수인데 이 부수를 가진 한자들은 '발' 혹은 '걸음'과 관련된 뜻을 가지고 있단다.

필 필

언덕을 오르내리기 쉽게 만든 발디딤 자리 두 개의 모양을 본뜬 글자야. 부수로 쓰일 때는 대부분 글자의 왼쪽에 붙고, 글자 모양도 'ß'로 바뀌지.

언덕 부

벼나 보리 이삭들이 가지런히 자라는 모양이야.

가지런할 제

목표물에 꽂힌 화살의 모양을 본떴어.

이를 지

서 있는 사람과 꿇어 앉아 있는 사람의 모양을 본뜬 글자야. 꿇어 앉는 사람이 서 있는 사람의 얼굴 빛깔을 살핀다는 뜻에서 나왔다고도 해.

빛 색

점을 치기 위해 거북의 배딱지를 불에 태웠을 때 생기는 갈라진 금을 본뜬 글자야.

점 복

양의 머리를 본뜬 글자란다. 한자의 머리 부분에 부수로 쓰일 때는 모양이 '⺷'로 바뀐단다. 활용한자로는 美(아름다울 미)가 있어.

양 양

여기에서 찾아 쓰면 돼.

氏 羊 阜 齊 至 色 疋 卜

부수 혼자서는 잘 쓰이나 활용한자는 드문 부수

손으로 나뭇가지를 들고 있는 모습을 본뜬 글자야.

가를 지

사람의 손으로 짐승의 가죽을 벗기는 모습을 본떴어.

가죽 피

상상 속의 동물인 용의 모양을 본뜬 글자란다.

용 룡

广이 집을 나타낸다는 것은 앞에서 배웠지?
广아래에 있는 '柿'는 삼 껍질을 벗겨서 매달아 놓은 모습이야.

삼 마

처음에는 화살을 본뜬 글자였으나 일찍부터 땅의 색깔, 즉 누렇다는 뜻으로 쓰여 왔단다.

누를 황

고대의 북 모양을 본뜬 壴(악기를진열할 주)와
북채를 잡은 손을 나타낸 攴(가지 지)를 더한 글자야.

북 고

뭔가를 담아두는 나무통의 모습을 본뜬 글자라고 해.

쓸 용

여기에서 찾아 쓰면 돼.

黃 皮 龍 麻 支 鼓 用

쓰임이 많지 않은 부수 ①

질그릇 만드는 과정을 본떴다고 해.

缶 장군부, 질그릇부

손으로 붓 한 자루를 잡고 있는 모습을 본떴어.

聿 붓율, 오직 율

손으로 꼬리를 잡은 모습을 본뜬 거야.

隶 미칠 이

새끼줄의 모양을 본뜬 글자란다. 서로 교차한 모양이라 '사귀다' 혹은 '엇갈리다'는 뜻이 있단다.

爻 점괘 효

두 사람이 맨손으로 싸우고 있는 모습을 본떴어.

鬥 싸울 투

이 부수자에 속하는 한자로는 旣(이미 기) 정도만 알아놓아도 충분한데, 旣의 오른쪽에 붙어 있다고 하여 이 부수를 '이미기방'이라고도 불러.

无(旡) 없을 무(이미기방)

춤추는 발의 모습을 본떠 만든 글자야.

舛 어그러질 천

바느질한 장식의 무늬 모습을 본뜬 글자란다.

黹 바느질할 치

 여기에서 찾아 쓰면 돼.

쓰임이 많지 않은 부수 ②

막 돋아난 어린 풀의 줄기와 잎의 모양을 본뜬 글자야. '풀철' 또는 '초록이 싹틀 철'이라고 해.

🌱 ▶ 屮 ▶ 屮

왼손 좌

배가 크고 다리가 긴 맹꽁이 모양을 본떴지.

🐸 ▶ 黽 ▶ 黽

맹꽁이 맹

기장의 흐트러진 이삭의 모습을 본떴다고 해.

🌾 ▶ 黍 ▶ 黍

기장 서

여러 개의 대나무 관을 나란히 묶어 만든 관악기의 모양을 본뜬 한자야.

▶ 龠 ▶ 龠

피리 약

윗쪽이 뾰족하고 얼굴이 큰 돼지의 머리 모양같지?

🐷 ▶ 彐 ▶ 彐

튼가로왈

입이 크고 척추가 긴 맹수나 짐승의 웅크린 옆 모습을 본뜬 한자야

▶ 豸 ▶ 豸

갖은돼지시변

짐승의 발 모양을 본떴어.

▶ 囗 ▶ 禸

짐승발자국 유

짐승의 발바닥(발톱)의 모양을 본떴다고 해.

▶ 釆 ▶ 釆

분별할 변

땅위에 무리지어 나있는 부추의 모양을 본떴어.

▶ 韭 ▶ 韭

부추 구

여기에서 찾아 쓰면 돼.

屮 黽 黍 龠 彐 豸 禸 釆 韭

쓰임이 많지 않은 부수 ③

오른쪽 다리가 굽은 사람의 모습을 본뜬 한자란다.

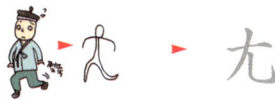

절름발이 왕

두 다리를 본떠 만든 글자야.

뒤져올 치

두 손을 공손히 모은 모양을 본떴지.

스물입발

술을 담는 용기와 다리 모양을 본떠 만든 글자야.

울창주 창

눈을 부릅뜨고 무언가를 노려보는 모습을 본떴어.

머무를 간

옛날 솥의 두 귀와 몸과 세 발을 본뜬 한자야.

솥 정

소금을 만드는 염전을 본떴다고 해.

소금밭 로

다리가 셋 있는 솥의 모습을 본뜬 한자란다.

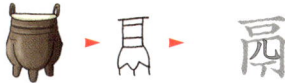

솥 력

'말뚝익'이라고도 하는 글자야.
활용한자로는 式(법식)이 있어.

주살 익

여기에서 찾아 쓰면 돼.

제 2단계

한자부수 214와 활용한자를 쓰면서 익힌다.

안녕. 난 쌀 한 톨로 장가갔던 총각이야. 기억나지?
생각해 보니 내가 좀 억지가 심했더라고.
그래서 정승댁 딸과 결혼한 다음, 주막마다 찾아가서
자초지종을 말했어. 물론 선물도 했지.
자, 이제부터 책에서 배운 부수들을 잘 떠올려 보렴!

1권 제1편

쌀 한 톨로 장가간 총각

• 마을 **리**   마을 리부 / 7획 / ㅣ 冂 冂 日 旦 甲 里

里

• 들 **야**   마을 리부 / 11획 / ㅣ 冂 冂 日 旦 甲 里 野 野 野 野

野

• 쥐 **서**   쥐 서부 / 13획 / ´ ´ ŕ ŕŕ ŕŕ 臼 臼 鼠 鼠 鼠 鼠 鼠

鼠

• 하품 **흠**   하품 흠부 / 4획 / ノ ㄣ ㄗ 欠

欠

• 노래 **가**   하품 흠부 / 14획 / 一 ㄣ 亇 可 叮 叿 叿 可 哥 哥 哥 歌 歌 歌

歌

• 말 **마**   말 마부 / 10획 / ㅣ 厂 ㄷ ㅌ ㅌ 톤 馬 馬 馬 馬

馬

• 놀랄 **경**   말 마부 / 23획 / ` ´´ 艹 扩 芍 芍 苟 苟 苟 苟 敬 敬 敬 敬 敬 警 警 驚 驚 驚 驚 驚

驚

134

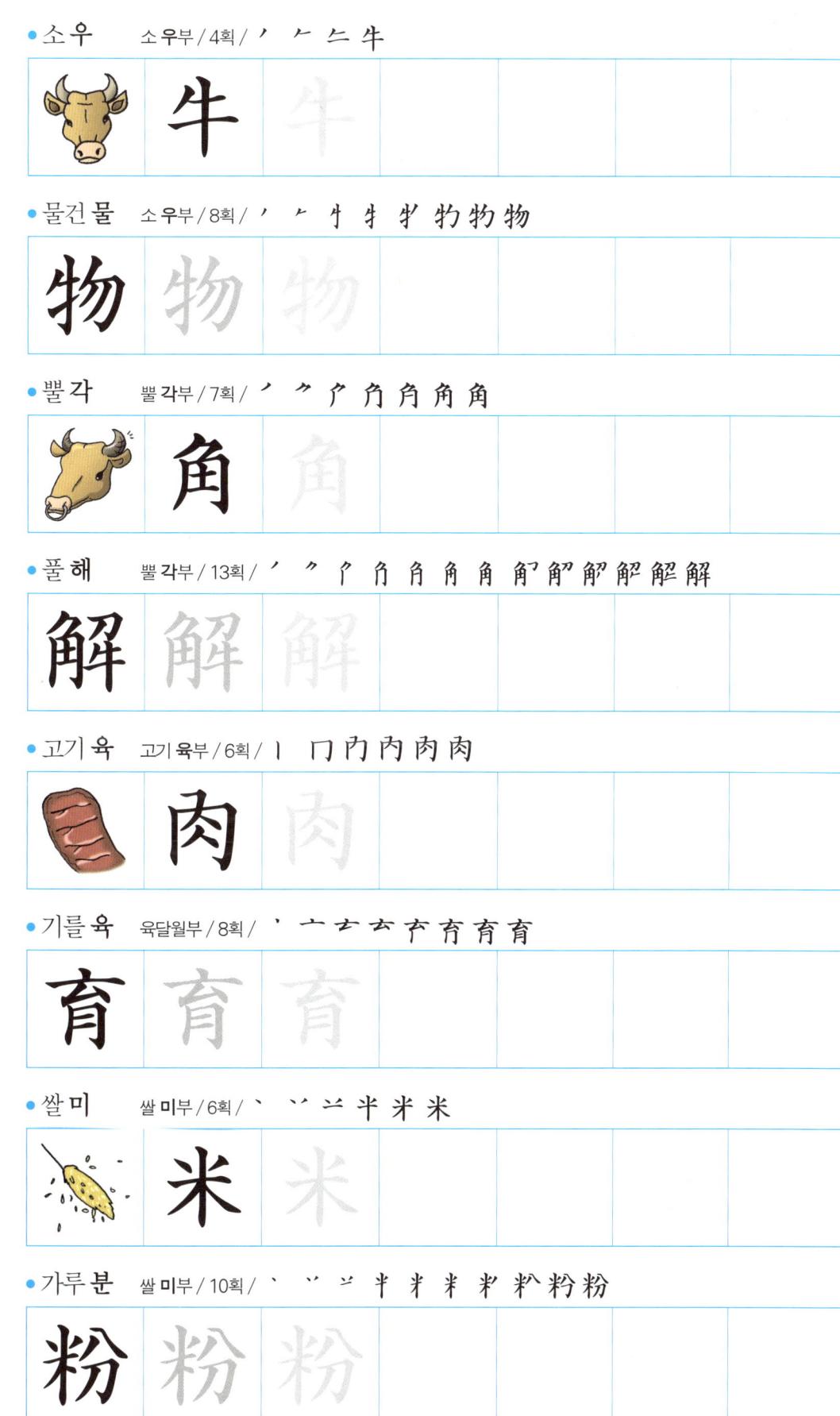

우리 어머니를 모시기 싫어했던 형제야. 처음엔 반지 때문에 어머님께 잘해 드렸는데 자꾸 잘하다 보니까 나중에는 정말 마음으로 우러나서 잘하게 되더라. 덕분에 효자됐지~

1권 제2편

할머니의 금반지

- 쇠 **금**　쇠금부 / 8획 / ノ 人 人 人 今 今 余 金

- 은 **은**　쇠금부 / 14획 / ノ 人 人 人 今 今 余 金 釒 釘 鈤 鈤 銀 銀

- 사람 **인**　사람인부 / 2획 / ノ 人

- 쉴 **휴**　사람인변부 / 6획 / ノ 亻 亻 什 休 休

- 믿을 **신**　사람인변부 / 9획 / ノ 亻 亻 亻 信 信 信 信 信

- 돼지해머리　돼지해머리부 / 2획 / ㇔ 一

- 사귈 **교**　돼지해머리부 / 6획 / ㇔ 一 六 六 交 交

136

1권 제3편

개구리의 보은

- 밭 **전** 밭전부 / 5획 / 丨 冂 日 甲 田

田

- 사내 **남** 밭전부 / 7획 / 丨 冂 日 甲 田 男 男

男

- 구슬 **옥** 구슬옥부 / 5획 / 一 二 干 王 玉

玉

- 나타날 **현** 구슬옥변부 / 11획 / 一 二 干 王 刊 珇 珇 珇 現 現

現

- 흰 **백** 흰백부 / 5획 / 丿 亻 白 白 白

白

- 과녁 **적** 흰백부 / 8획 / 丿 亻 冂 白 白 的 的

的

- 기운기엄 **기** 기운기엄부 / 4획 / 丿 一 气 气

气

- 기운 **기** 기운기엄부 / 10획 / 丿 一 气 气 气 気 気 氣 氣 氣

氣

1권 제4편

광대탈과 괴력의 장사들

- 힘 **력**　힘 력부 / 2획　ㄱ 力

 力　力

- 움직일 **동**　힘 력부 / 11획　一 二 千 千 千 亘 重 重 動 動

動　動　動

- 머리 **수**　머리 수부 / 9획　丶 丷 乊 乊 艹 首 首 首 首

 首　

- 날 **일**　날 일부 / 4획　丨 冂 日 日

 日　

- 때 **시**　날 일부 / 10획　丨 冂 日 日 旷 旷 昨 昨 時 時

時　時　時

- 봄 **춘**　날 일부 / 9획　一 二 三 声 夫 表 春 春 春

　春　春　春

- 나무 **목**　나무 목부 / 4획　一 十 才 木

 木　木

- 수풀 **림**　나무 목부 / 8획　一 十 才 木 木 杧 材 林

林　林　林

140

1권 제5편

꿀똥 누는 강아지

- 낯 면   낯 면부 / 9획 / 一 丆 丆 丆 而 而 面 面 面

- 말씀 언   말씀 언부 / 7획 / 一 二 亖 言 言 言 言

- 말씀 어   말씀 언부 / 14획 / 一 二 三 言 言 言 訁 訐 訐 話 話 語 語 語

- 개 견   개 견부 / 4획 / 一 ナ 大 犬

- 미칠 광   개사슴록변부 / 7획 / ノ ㇲ 犭 犭 犴 犴 狂 狂

- 털(터럭) 모   털(터럭) 모부 / 4획 / ノ 二 三 毛

- 가는털 호   털(터럭) 모부 / 11획 / ` 一 亠 ㇷ 亠 亩 声 亭 亭 毫 毫

- 달 감 달 감부 / 5획 一 十 卄 廿 甘

  甘

- 귀신 귀 귀신 귀부 / 10획 ′ ⺊ 宀 甶 由 甶 鬼 鬼 鬼

  鬼

- 넋 혼 귀신 귀부 / 14획 一 二 云 云 云 云 云 云 魂 魂 魂 魂

  魂

- 달릴 주 달릴 주부 / 7획 一 十 土 ナ ナ 走 走

  走

- 일어날 기 달릴 주부 / 10획 一 十 土 ナ ナ 走 走 起 起 起

  起

- 보일 시 보일 시부 / 5획 一 二 宁 示 示

  示

- 귀신 신 보일 시부 / 10획 一 二 宁 示 示 示 和 祁 神

  神

난 영재 원님!
깍지가 나한테 홀딱 반한 것 같아.
똑똑한 게 그렇게 매력적이었나??

1권 제6편 슬기로운 어린 원님

- 마음 심　　마음 심부 / 4획 /　丶 心 心 心

- 뜻 의　　마음 심부 / 13획 /　一 十 立 产 产 产 咅 咅 音 音 音 意 意

- 성품 성　　심방변부 / 8획 /　丶 丶 忄 忄 忄 忄 性 性

- 배 주　　배 주부 / 6획 /　丿 丿 丿 丹 丹 舟

- 배 선　　배 주부 / 11획 /　丿 丿 丿 丹 丹 舟 舟 舟 舩 舩 船

- 바람 풍　　바람 풍부 / 9획 /　丿 几 凡 凡 风 凬 風 風 風

- 신하 신　　신하 신부 / 6획 /　一 丅 丆 玎 五 臣

144

● 누울 와　신하 신부 / 8획 /　一 ㄱ ㄹ ㄹ 予 臣 臥 臥

| 臥 | 臥 | 臥 | | | | |

● 한 일　한 일부 / 1획 /　一

| 一 | 一 | 一 | | | | |

● 윗 상　한 일부 / 3획 /　丨 卜 上

| 上 | 上 | 上 | | | | |

● 두 이　두 이부 / 2획 /　一 二

| 二 | 二 | 二 | | | | |

● 다섯 오　두 이부 / 4획 /　一 丁 五 五

| 五 | 五 | 五 | | | | |

● 열 십　열 십부 / 2획 /　一 十

| 十 | 十 | | | | |

● 남녘 남　열 십부 / 9획 /　一 十 ナ 内 内 南 南 南 南

| 南 | 南 | 南 | | | | |

1권 제7편

할머니로 둔갑한 불여우

- 어진사람인발　어진사람인발부 / 2획 /　ノ 儿

 儿

- 맏 형　어진사람인발부 / 5획 /　丶 ㅁ ㅁ ㅁ 尸 兄

兄

- 천천히걸을쇠발　천천히걸을쇠발부 / 3획 /　ノ ク 夂

 夂

- 여름 하　천천히걸을쇠발부 / 10획 /　一 丆 丆 丆 芍 百 百 頁 夏 夏

 夏

- 뼈 골　뼈골부 / 10획 /　丶 ㅁ ㅁ 円 円 丹 骨 骨 骨

 骨

- 몸 체　뼈골부 / 23획 /　丶 ㅁ ㅁ 円 円 丹 骨 骨 骨 骨 骨 骨豊 骨豊 骨豊 骨豊 骨豊 骨豊 體 體

體

- 늙을 로　늙을로부 / 6획 /　一 十 土 耂 耂 老

 老

- 놈 자　늙을로엄부 / 9획 /　一 十 土 耂 耂 耂 者 者 者

者

- 들 입   들 입부 / 2획 / ノ 入

  入

- 안 내   들 입부 / 4획 / ｜ 冂 内 内

  内

- 손톱 조   손톱 조부 / 4획 / ´ ´ ´ 爫 爪

  爪

- 다툴 쟁   손톱 조부 / 8획 / ´ ´ ´ 爫 邠 岛 岛 争

  争

- 또 우   또 우부 / 2획 / ㄱ 又

  又

- 돌이킬 반   또 우부 / 4획 / ー 厂 反 反

  反

- 갖은등글월문   갖은등글월문부 / 4획 / ノ 几 殳 殳

  殳

- 죽일 살   갖은등글월문부 / 11획 / ノ ´ ´ 乂 杀 杀 杀 杀 殺 殺 殺

  殺

147

1권 제8편

소금장수 아들과 정승댁 새색시

- **말이을 이** 말이을 이부 / 6획 / 一 ア ア 丙 而 而

 而

- **견딜 내** 말이을 이부 / 9획 / 一 ア ア 丙 而 而 耐 耐 耐

耐

- **아들 자** 아들 자부 / 3획 / フ 了 子

 子

- **효도 효** 아들 자부 / 7획 / 一 十 土 耂 耂 考 孝

孝

- **물 수** 물 수부 / 4획 / 亅 刂 才 水

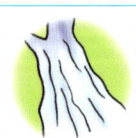 水

- **얼음 빙** 물 수부 / 5획 / 丨 丬 汀 汃 氷

氷

- **병질엄** 병질엄부 / 5획 / ㆍ 亠 广 广 疒

 疒

- 병들 **병**　병질엄부 / 10획 /　丶 亠 广 广 疒 疒 疒 病 病 病

病

- 손 **수**　손수부 / 4획 /　一 二 三 手

手

- 손바닥 **장**　손수부 / 12획 /　丶 丷 丷 丷 兯 兯 尚 尚 学 堂 堂 掌

掌

- 재주 **기**　재방변부 / 7획 /　一 十 扌 扌 扩 抄 技

技

- 큰 **대**　큰대부 / 3획 /　一 ナ 大

大

- 하늘 **천**　큰대부 / 4획 /　一 二 于 天

天

- 두인변　두인변부 / 3획 /　丿 彳 彳

彳

- 뒤 **후**　두인변부 / 9획 /　丿 彳 彳 彳 徂 徉 徉 後 後

後

149

산신령님, 고맙습니다.
우리 어머님 병 다 나으셨어요!
깍지하고 오경이 또 보내 주세요.
보고 싶어요~

2권 제1편

효녀 금순이

• 가로 왈   가로 왈부 / 4획 / 丨 冂 日 日

• 글 서   가로 왈부 / 10획 / 一 フ ヨ 글 圭 聿 聿 書 書 書

• 민책받침   민책받침부 / 3획 / 丶 乙 乂

• 세울 건   민책받침부 / 9획 / フ ヨ ヨ 글 圭 聿 聿 建 建

• 흙 토   흙토부 / 3획 / 一 十 土

• 땅 지   흙토부 / 6획 / 一 十 土 圵 圸 地

• 선비 사   선비사부 / 3획 / 一 十 士

- 장할 **장**　선비 사부 / 7획 / 丨 丬 丬 丬 壮 壯 壯

壯	壯	壯				

- 민엄호　민엄호부 / 2획 / 一 厂

厂	厂					

- 근원 **원**　민엄호부 / 10획 / 一 厂 厂 厂 厉 盾 原 原 原 原

原	原	原				

- 소리 **음**　소리 음부 / 9획 / 一 二 亠 立 产 产 音 音 音

音	音	音				

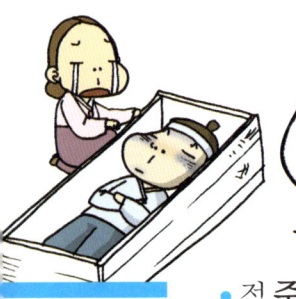

내가 관 속에서 그야말로 산 송장이 되었을 때 어떤 기분이었는 줄 아니? 관뚜껑 덮을까 봐~ 아이고 오싹-했다니까~

2권 제2편

저승빚

- 점 주   점주부 / 1획 / 丶

- 주인 주   점주부 / 5획 / 丶 亠 冫 主 主

- 물고기 어 물고기 어부 / 11획 / 丿 ⺈ ⺈ 刍 刍 甪 鱼 鱼 魚 魚 魚

- 고울 선   물고기 어부 / 17획 / 丿 ⺈ ⺈ 刍 刍 甪 鱼 鱼 魚 魚 魚 魚 魚 鮮 鮮 鮮 鮮

- 주검시엄   주검시엄부 / 3획 / 𠃌 コ 尸

- 집 옥   주검시엄부 / 9획 / 𠃌 コ 尸 尸 尻 屄 屋 屋 屋

- 기와 와   기와와부 / 5획 / 一 丆 エ 瓦 瓦

- 갓머리　갓머리부 / 3획 / 丶 丷 宀

- 편안할 안　갓머리부 / 6획 / 丶 丷 宀 宁 安 安

- 집 가　갓머리부 / 10획 / 丶 丷 宀 宁 宇 宇 家 家 家 家

- 여덟 팔　여덟 팔부 / 2획 / 丿 八

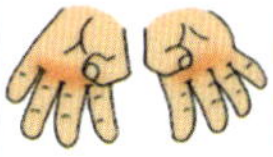

- 공평할 공　여덟 팔부 / 4획 / 丿 八 公 公

153

> 배워서 남 주냐?는 말이 있잖아.
> 나한테 딱 맞는 말이지?
> 대감 재산의 절반을 받은 나는
> 도련님이 돌아오기 전에 먼 곳으로 이사를 왔지.
> 낮에는 농사 짓고 밤에는 글을 읽고
> 이쁜 아내와 행복하게 산단다.

2권 제3편 양서방의 재치

- 달 월 달월부 / 4획 / 丿 冂 月 月

- 아침 조 달월부 / 12획 / 一 十 ナ 古 古 古 卓 卓 朝 朝 朝 朝

- 대 죽 대죽부 / 6획 / 丿 卜 ㅅ 𠂉 𠂇 竹

- 무리 등 대죽부 / 12획 / 丿 卜 ㅅ 𠂉 𠂇 竹 竺 竺 笁 笁 等 等

- 깃 우 깃우부 / 6획 / 丿 丬 ㅋ 羽 羽 羽

- 익힐 습 깃우부 / 11획 / 丿 丬 ㅋ 羽 羽 羽 羽 翌 習 習 習

- 날 비 날비부 / 9획 / ㇈ ㇈ ㇈ 飞 飞 飞 飛 飛 飛

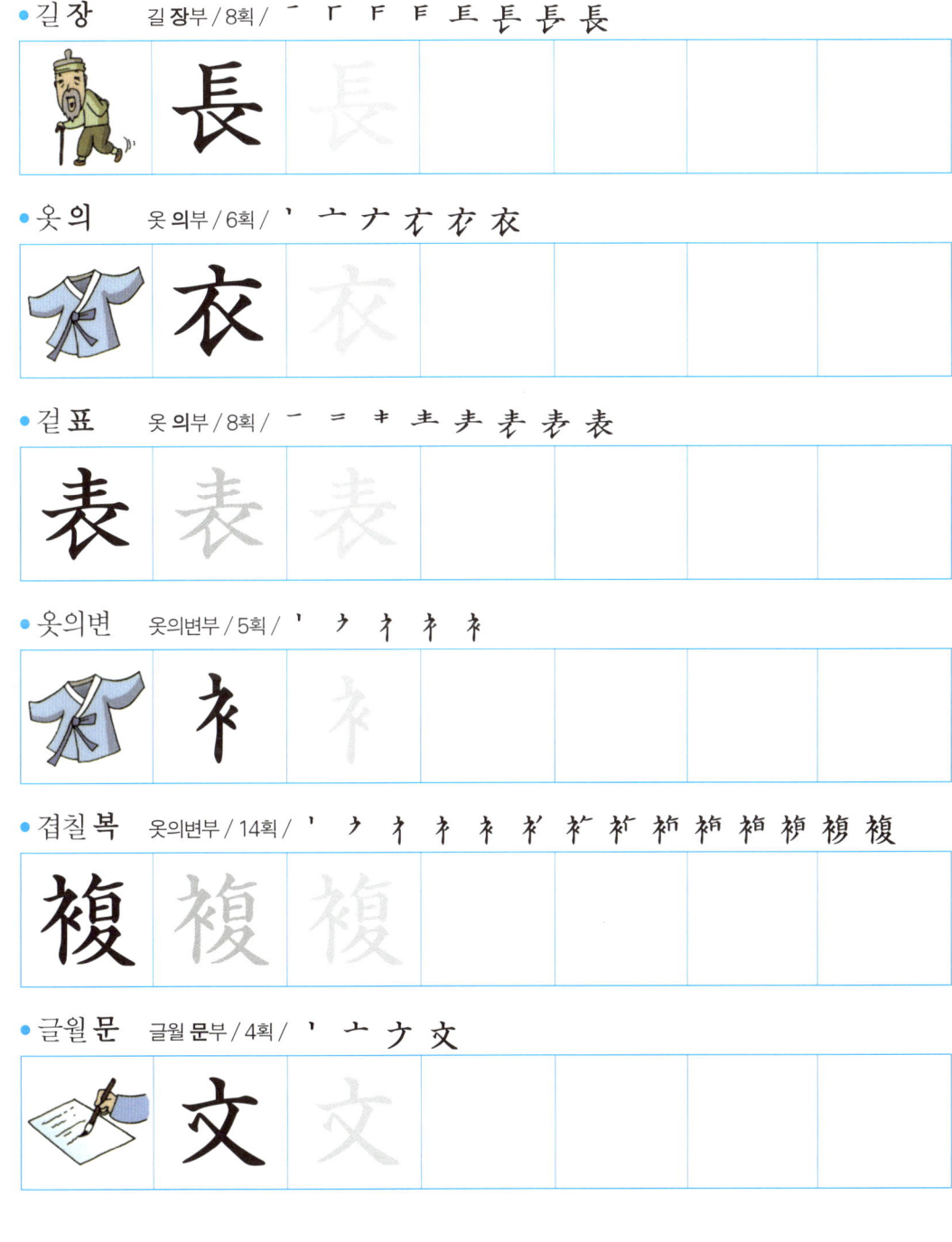

2권 제4편

방귀마을

• 혀 설　혀 **설**부 / 6획 / ㇒ 二 千 千 舌 舌

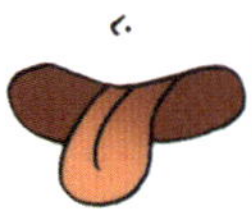	舌	舌				

• 다닐 행　다닐 **행**부 / 6획 / ㇒ 彳 彳 彳 彳 行

	行	行				

• 재주 술　다닐 **행**부 / 11획 / ㇒ 彳 彳 彳 彳 彳 彳 彳 彳 彳 術

術	術	術				

• 견줄 비　견줄 **비**부 / 4획 / 一 匕 比 比

	比	比				

• 마늘모　마늘모부 / 2획 / ㄥ 厶

	厶	厶				

• 갈 거　마늘모부 / 5획 / 一 十 土 去 去

去	去	去				

• 돼지 시　돼지 **시**부 / 7획 / 一 丆 豕 豕 豕 豕 豕

	豕	豕				

• 돼지 돈　돼지 **시**부 / 11획 / 丿 刀 月 月 月 月 豚 豚 豚 豚 豚

豚	豚	豚				

2권 제5편

슬기로운 재판관

- 골 곡　골곡부 / 7획 /　＇　＾　グ　グ　父　谷　谷

- 구멍 혈　구멍 혈부 / 5획 /　＇　＾　宀　宀　穴

- 빌 공　구멍 혈부 / 8획 /　＇　＾　宀　宀　穴　穴　空　空

- 볼 견　볼 견부 / 7획 /　｜　冂　冃　月　目　見　見

- 친할 친　볼 견부 / 16획 /　＇　＾　宀　立　立　辛　辛　亲　亲　亲　新　新　親　親　親

- 입 구　입구부 / 3획 /　丨　冂　口

- 이름 명　입구부 / 6획 /　ノ　ク　タ　夕　名　名

- 가죽 **혁**　가죽 혁부 / 9획 /　一 十 卄 丹 丹 古 古 革 革

- 신 **화**　가죽 혁부 / 13획 /　一 十 卄 丹 丹 古 古 革 革 靪 靪 靴

- 다룸가죽 **위**　다룸가죽 위부 / 9획 /　' 丷 圡 幸 咅 吾 查 查 韋

- 나라이름 **한**　다룸가죽 위부 / 17획 /　一 十 亠 古 古 直 卓 卓 卓' 卓" 朝 朝 朝 朝 韓 韓 韓

2권 제6편

독사의 보답

급류에 휩쓸려 내려가는 나를 살려준 아저씨가 정말 고마웠어. 사람들이 날 싫어한다고만 생각했거든. 그 이후로 아저씨는 뱀에 물린 사람을 깜쪽같이 고쳐주는 것으로 유명해졌단다. 나 잘했지? 샤아~

- 내 천　　내 천부 / 3획 /　丿　丿丨　川

- 고을 주　　내 천부 / 6획 /　丶　丿　丿丨　丿丨丶　丿丨丶丨　州

- 사슴 록　　사슴 록부 / 11획 /　丶　亠　广　庐　庐　庐　鹿　鹿　鹿　鹿　鹿

- 고울 려　　사슴 록부 / 19획 /

- 장수장변　　장수장변부 / 4획 /　丨　丬　丬　爿

- 담 장　　장수장변부 / 17획 /

- 조각 편　　조각 편부 / 4획 /　丿　丿丨　丿丨广　片

- 널판지 **판** 조각 **편**부 / 8획 / 丿 丿' 广 片 片' 扩 版 版

版 版 版

- 창 **과** 창**과**부 / 4획 / 一 弋 戈 戈

戈 戈

- 싸움 **전** 창**과**부 / 16획 / 丶 丶' 丷 ⺌ ⺌ ⺌ 吅 吕 吕 吕 單 單 戰 戰 戰

戰 戰 戰

- 피 **혈** 피**혈**부 / 6획 / 丿 亻 宀 血 血 血

血 血

- 무리 **중** 피**혈**부 / 12획 / 丿 亻 宀 血 血 血 衆 衆 衆 衆 衆 衆

衆 衆 衆

- 터럭 **삼** 터럭**삼**부 / 3획 / 丿 彡 彡

彡 彡

- 형상 **형** 터럭**삼**부 / 7획 / 一 二 于 开 开 形 形

形 形 形

2권 제7편

진정한 우정

> 그날 밤 나를 문전박대 했던 친구 중 두 명은 얼마 후 그 사건이 진정한 우정을 시험하려던 것이었음을 알고 진심으로 사과를 하더구나. 난 친구의 사과를 받아들이고 진정한 우정을 쌓기 위해 노력하고 있어.

● 이수변　이수변부 / 2획 / 丶 冫

● 겨울 **동**　이수변부 / 5획 / 丿 ク 夂 冬 冬

● 수레 **거**　수레거부 / 7획 / 一 亻 亓 盲 亘 車

● 군사 **군**　수레거부 / 9획 / 丶 冖 冖 冖 宀 旨 盲 軍

● 지게 **호**　지게호부 / 4획 / 一 ㇆ ㇂ 戶

● 방 **방**　지게호부 / 8획 / 一 ㇆ ㇂ 戶 戶 戶 房 房

● 머리 **혈**　머리혈부 / 9획 / 一 ㇀ 丆 丆 丆 百 百 頁 頁

● 머리 두　머리혈부 / 16획 /　一 Ｔ 〒 〒 戸 戸 豆 豆 豆′ 豆″ 頭 頭 頭 頭 頭 頭

| 頭 | 頭 | 頭 | | | | |

● 아비 부　아비부부 / 4획 /　ノ ハ グ 父

| | 父 | 父 | | | | |

2권 제8편

고려장 이야기

요즘 나는 할머니한테 옛날이야기 듣는 재미에 푹 빠져 있어. 할머니가 옆에 계셔서 얼마나 좋은지 몰라!

- 벌레 충   벌레 충부 / 6획 / 丶 口 口 中 虫 虫

- 벌레 충   벌레 충부 / 18획 / 丶 口 口 中 虫 虫 虫 虫 虫 蛊 蛊 蛊 蛊 蛊 蟲 蟲 蟲

- 귀 이   귀 이부 / 6획 / 一 丅 丆 丆 王 耳

- 들을 문   귀 이부 / 14획 / ｜ ｜ 門 門 門 門 門 門 門 門 門 聞 聞 聞

- 병부 절   병부 절부 / 2획 / ㄱ ㄗ

- 도장 인   병부 절부 / 6획 / ノ 冫 匚 臣 印 印

- 실 사   실 사부 / 6획 / 乀 纟 纟 纟 糸 糸

- 맺을 **결** 실사부 / 12획 / ˊ ㄠ ㄠ 乡 糸 糸 紀 紅 紅 結 結

結 結 結

- 새 **조** 새조부 / 11획 / ˊ ㄏ 冂 ㄏ 白 鸟 鳥 鳥 鳥 鳥

鳥 鳥

- 울 **명** 새조부 / 14획 / ˋ 口 口 口ˊ 口ㄏ 口ㄏ 口ㄏ 口自 鳴 鳴 鳴 鳴 鳴

鳴 鳴 鳴

- 민갓머리 민갓머리부 / 2획 / ˋ 冖

冖 冖

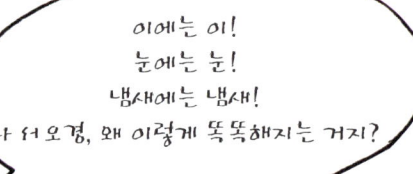

3권 제1편 소리로 냄새 갚기

- 콩 두　　콩두부 / 7획 /　一 丆 丂 丆 豆 豆 豆

 豆

- 쌀포몸　　쌀포몸부 / 2획 /　丿 勹

 勹

- 쌀 포　　쌀포몸부 / 5획 /　丿 勹 勺 勺 包

包

- 작을 요　　작을요부 / 3획 /　ㄑ 幺 幺

幺

- 어릴 유　　작을요부 / 5획 /　ㄑ 幺 幺 幻 幼

幼

- 불 화　　불화부 / 4획 /　丶 丷 少 火

 火

- 등 등　　불화부 / 16획 /　丶 丷 ㅗ 火 炏 炏 炏 炐 烒 烒 燈 燈 燈 燈 燈

燈

166

- 없을 **무**　불화부 / 12획 / 丿 ㄴ 匚 笐 缶 笧 無 無 無 無 無 無

- 코 **비**　코비부 / 14획 / 丿 亻 宀 自 自 自 自 鼻 鼻 鼻 鼻 鼻 鼻 鼻

- 밥 **식**　밥식부 / 9획 / 丿 人 亼 今 仐 仐 食 食 食

- 마실 **음**　밥식부 / 13획 / 丿 人 亼 今 仐 仐 食 食 食 飠 飲 飲 飲

- 매울 **신**　매울신부 / 7획 / 丶 亠 立 立 立 辛

- 말 잘 할 **변**　매울신부 / 21획 / 丶 亠 立 辛 辛 辛 辛 辛 辛 辛 辥 辥 辥 辯 辯 辯 辯 辯

167

3권 제2편

억수로 운 좋은 사나이

- 멀 경   멀경부 / 2획 / 丨 冂

- 책 책   멀경부 / 5획 / 丨 冂 冂 冊 冊

- 높을 고   높을고부 / 10획 / 丶 亠 亠 古 古 古 高 高 高 高

- 활 궁   활궁부 / 3획 / コ ユ 弓

- 끌 인   활궁부 / 4획 / コ ユ 弓 引

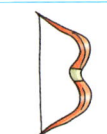 

- 화살 시   화살시부 / 5획 / 丿 丶 二 午 矢

- 알 지   화살시부 / 8획 / 丿 丶 二 午 矢 矢 知 知

- 그물 **망** 그물 **망**부 / 6획 / 丨 冂 冂 冈 网 网

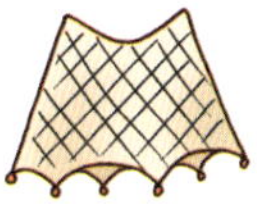

  网 网

- 허물 **죄** 그물 **망**부 / 13획 / 丶 冖 冂 罒 罒 罒 罪 罪 罪 罪 罪 罪 罪

  罪 罪 罪

- 새 **추** 새 **추**부 / 8획 / 丿 亻 亻 亻 亻 亻 隹 隹

  隹 隹

- 모을 **집** 새 **추**부 / 12획 / 丿 亻 亻 亻 亻 亻 隹 隹 隹 集 集 集

  集 集 集

3권 제3편
노인의 지혜

- 오이 **과**   오이 과부 / 5획   ノ 厂 爪 瓜 瓜

- 이 **치**   이 치부 / 15획   ⼀ ⼁ ⼞ ⽌ ⽌ ⽌ ⽌ ⿒ ⿒ ⿒ ⿒ ⿒ 齒 齒

- 그릇 **방**   그릇 방부 / 2획   一 匚

- 비적 **비**   그릇 방부 / 10획   一 厂 丆 丆 丆 爿 爿 非 非 匪

- 감출 **혜**   감출 혜부 / 2획   一 匚

- 숨길 **닉**   감출 혜부 / 11획   一 厂 厂 厂 兀 兀 丑 𠀎 𠀎 𠀎 匿

- 절구 **구**   절구 구부 / 6획   ノ 亻 丨 𠂉 臼 臼

- 옛 구　절구 구부 / 18획 / 丶 丨 丩 丱 艹 艹 艹 芢 芢 苢 萑 萑 萑 舊 舊 舊 舊 舊

舊　舊　舊

- 에울 위　에울 위부 / 3획 / 丨 冂 口

口　口

- 가둘 수　에울 위부 / 5획 / 丨 冂 冂 囚 囚

囚　囚　囚

- 검을 현　검을 현부 / 5획 / 丶 亠 士 玄 玄

玄　玄

- 거느릴 솔, 비율 률　검을 현부 / 11획 / 丶 亠 士 玄 玄 玄 㳑 㳑 㳑 㳑 率

率　率　率

- 설 립　설 립부 / 5획 / 丶 亠 立 立 立

立　立

- 나란히 병　설 립부 / 10획 / 丶 亠 立 立 立 並 竝 竝 竝 竝

竝　竝　竝

3권 제4편

행복한 사람

- 별 진   별진부 / 7획   ) 厂 厂 斤 斤 辰 辰

- 농사 농   별진부 / 13획   ) 冂 曰 由 曲 曲 曲 芇 芇 芇 農 農 農

- 거북 귀   거북귀부 / 16획   ) 勹 勹 夂 刍 刍 刍 龟 龟 龟 龟 龜 龜 龜 龜

- 발 족   발족부 / 7획   ) 口 口 口 尸 尸 足

- 길 로   발족부 / 13획   ) 口 口 口 尸 尸 足 足 足 趵 趵 路 路

- 어금니 아   어금니아부 / 4획   一 二 于 牙

- 조개 패   조개패부 / 7획   ) 冂 冂 月 目 貝 貝

172

- 재물 재　조개 패부 / 10획　｜ Π Ħ 月 目 貝 貝 貝一 財 財

財　財　財

- 터럭발　터럭발부 / 10획　｜ ⌈ ⌈ Ｆ Ｅ 토 툔 툗 툗 툗

髟　髟

- 터럭 발　터럭발머리부 / 15획　｜ ⌈ ⌈ Ｆ Ｅ 토 툔 툗 툗 툗 툗 髣 髣 髮 髮

髮　髮　髮

3권 제5편

현명한 하인

- 비수 **비** 비수비부 / 2획 / ノ 匕

匕 匕 匕

- 될 **화** 비수비부 / 4획 / ノ 亻 化 化

化 化 化

- 눈 **목** 눈목부 / 5획 / 丨 冂 冂 目 目

目 目

- 볼 **간** 눈목부 / 9획 / 一 二 三 䒑 看 看 看 看

看 看 看

3권 제6편

쥐의 선물

- 푸를 **청**　푸를 청부 / 8획 /　一 十 キ 主 主 青 青 青

青

- 고요할 **정**　푸를 청부 / 16획 /　一 十 ± 主 青 青 青 靑 靑 靚 靜 靜 靜 靜 靜

靜

- 몸 **신**　몸 신부 / 7획 /　′ ′ 竹 竹 甪 身 身

身

- 벼 **화**　벼 화부 / 5획 /　′ 二 千 千 禾

禾

- 씨 **종**　벼 화부 / 14획 /　′ 二 千 千 禾 禾 秆 秆 秆 秆 種 種 種 種

種

- 저녁 **석**　저녁 석부 / 3획 /　′ ク 夕

夕

- 바깥 **외**　저녁 석부 / 5획 /　′ ク 夕 夘 外

外

176

- 보리 **맥**　보리 **맥**부 / 11획 / 一 ㄱ ㅜ ㅉ ㅉ 來 夾 夾 來 麥 麥

- 갈고리 **궐**　갈고리 **궐**부 / 1획 / 亅

- 일 **사**　갈고리 **궐**부 / 8획 / 一 ㄱ ㅁ ㅁ 彐 彐 写 事

3권 제7편

미련한 호랑이

> 으~흐~꼬리 시려~
> 얼음 속에 꽁꽁 언 꼬리를 빼려고 힘을 주다가
> 그만 꼬리가 댕강 잘리고 말았어. 흑흑.
> 그래서 얻은 새 별명이 '꼬리 잘린 호랑이'야.
> 원래 별명인 '미련한 호랑이'와 '꼬리 잘린 호랑이' 중에서
> 어떤 게 더 나을까? 음, 뭐가 낫지?

● 창 모   창모부 / 5획

● 새 을   새을부 / 1획

● 젖 유   새을부 / 8획

● 붉을 적 붉을적부 / 7획

● 아닐 비 아닐비부 / 8획

● 검을 흑 검을흑부 / 12획

● 잠잠할 묵 검을흑부 / 16획

- 범호밑　범호밑부 / 6획　 ｜ ｜ ⺊ ⼧ 虍 虍

虍　虍

- 범호　범호밑부 / 8획　 ｜ ｜ ⺊ ⼧ 虍 虍 虎 虎

虎　虎　虎

- 뚫을 곤　뚫을 곤부 / 1획　｜

｜　｜

- 가운데 중　뚫을 곤부 / 4획　 ｜ ｜ ⼝ ⼜ 中

中　中　中

3권 제8편

닭 한 마리의 값

- 필발머리 필발머리부 / 5획 / ﾌ ﾀ ﾞｸ ﾞｸﾞ 癶

- 오를 등 필발머리부 / 12획 / ﾌ ﾀ ﾞｸ ﾞｸﾞ 癶 癶 癶 登 登 登 登

登

- 모 방 모방부 / 4획 / ﾉ 一 方 方

方

- 겨레 족 모방부 / 11획 / ﾉ 一 方 方 方 方 方 方 族 族

族

- 향기 향 향기 향부 / 9획 / 一 二 千 禾 禾 禾 香 香 香

香

- 덮을 아 덮을 아부 / 6획 / 一 ㄏ 币 襾 襾 襾

西

- 구할 요 덮을 아부 / 9획 / 一 ㄏ 币 襾 襾 襾 要 要 要

要

- 산 **산** 산 산부 / 3획 / ㅣ 凵 山

山

- 봉우리 **봉** 산 산부 / 10획 / ' 一 山 ꭓ 岁 癸 峇 峇 峯 峯

峯

- 안석 **궤** 안석 궤부 / 2획 /) 几

几

- 무릇 **범** 안석 궤부 / 3획 /) 几 凡

凡

- 말 **두** 말 두부 / 4획 / ` ´ 二 斗

斗

- 헤아릴 **료** 말 두부 / 10획 / ` ´ ´´ 二 半 米 米 米 料 料

料

181

깍지가 빠트린 주요 부수

- 엄호(집 엄)   엄호부 / 3획   ` 一 广

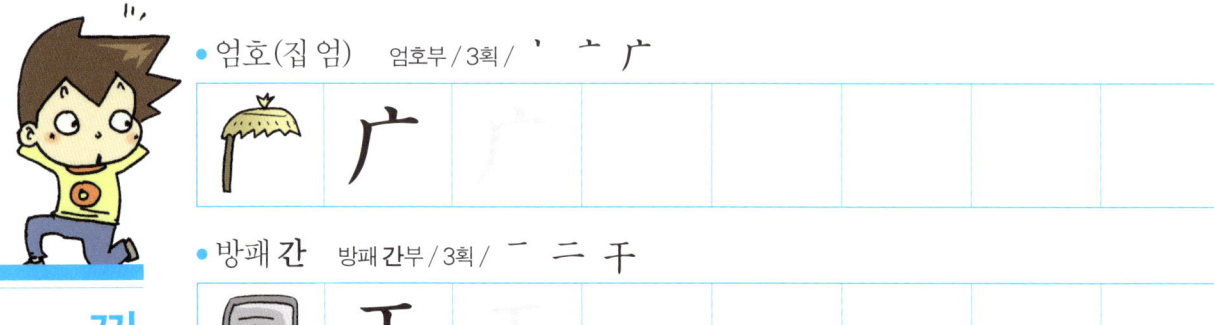

- 방패 **간**   방패 간부 / 3획   一 二 干

- 장인 **공**   장인 공부 / 3획   一 T 工

- 마디 **촌**   마디 촌부 / 3획   一 十 寸

- 풀 **초**   풀 초부 / 6획   ㄴ ㄴㅣ ㅛ ㅛㅣ ㅛㅣㅣ 艸

- 초두머리   초두머리부 / 4획   ` 丁 ㅛ 艹

- 그칠 **지**   그칠 지부 / 4획   丨 卜 ㅏ 止

- 칠 **복**   칠 복부 / 4획   丨 ㅏ 攴 攴

- 등글월문   등글월문부 / 4획   ノ 亠 攵 攵

부수 혼자서는 잘 쓰이나 활용한자는 드문 부수

- 가를 지 　가를 지부 / 4획 / 一 十 亠 支

- 가죽 피 　가죽 피부 / 5획 /) 厂 广 疒 皮

- 용 룡 　용 룡부 / 16획 / ` ㅗ ㅜ ㅜ 立 产 产 音 音 青 青 龍 龍 龍 龍

- 삼 마 　삼 마부 / 11획 / ` 亠 广 广 庁 庁 床 麻 麻 麻 麻

- 누를 황 　누를 황부 / 12획 / 一 十 廾 廾 芇 芇 芇 苒 苗 苗 黃 黃

- 북 고 　북 고부 / 13획 / 一 十 士 吉 吉 吉 吉 壴 壴 壴 皷 鼓 鼓

- 쓸 용 　쓸 용부 / 5획 /) 冂 月 月 用

쓰임이 많지 않은 부수

- 장군 **부**　장군 **부**부 / 6획 / ノ ㅗ ⼆ 午 缶 缶

缶

- 붓 **율**　오직 **율**부 / 6획 / ㄱ ㅋ ㅋ ⺕ 글 聿

聿

- 미칠 **이**　미칠 **이**부 / 8획 / ㄱ ㅋ ㅋ ⺻ 圭 圭 肀 隶

隶

- 점괘 **효**　점괘 **효**부 / 4획 / ノ メ ㄨ 爻

爻

- 싸울 **투**　싸울 **투**부 / 10획 / ㅣ ⼌ ⼌ ㅒ ㅔ ㅔ ㅔ ㅔ ㅔ 鬥

鬥

- 없을 **무**　없을 **무**부 / 4획 / 一 二 千 无

无

- 어그러질 **천**　어그러질 **천**부 / 6획 / ノ ク 夕 ⺈ 飞 舛

舛

- 바느질할 **치**　바느질할 **치**부 / 12획 / ヽ ⺍ ⺍ ⺍ 业 业 半 氺 光 斧 黹 黹

黹

185

쓰임이 많지 않은 부수

- 왼손 **좌**　왼손 **좌**부 / 3획 /　ㄥ ナ ナ

 屮

- 맹꽁이 **맹**　맹꽁이 **맹**부 / 13획 /　丶 ㄅ ㄸ ㄸ ㄸ 黽 黽 黽 黽 黽 黽

 黽

- 기장 **서**　기장 **서**부 / 12획 /　一 二 干 丰 禾 禾 禾 黍 黍 黍 黍 黍

 黍

- 피리 **약**　피리 **약**부 / 17획 /　丿 亼 亼 亼 亼 亼 亼 侖 侖 侖 侖 龠 龠 龠 龠

 龠

- 튼가로왈　튼가로왈부 / 3획 /　フ ㅋ ㅋ

 彐

- 갖은돼지시변　갖은돼지시변부 / 7획 /　一 ィ 乊 乊 乎 乎 豸

 豸

- 짐승발자국 **유**　짐승발자국 **유**부 / 5획 /　丿 冂 内 内 禸

 禸

- 분별할 **변**　분별할 **변**부 / 7획 /　一 ㄑ 平 平 平 采 采

 采

- 절름발이 **왕**　절름발이 **왕**부 / 3획 /　一 ナ 尢

 尢

제3단계

한자부수 214를 확실하게 다진다.

하늘과 조류 관련 부수
땅 · 물 · 동물 관련 부수
동물 관련 부수
식물 관련 부수
사람 · 사람의 몸 관련 부수
사람의 행동 모양 관련 부수
사람의 신분 · 모양 관련 부수 1, 2
도구 관련 부수 1, 2
인식과 지각 관련 부수 1, 2

• 하늘과 조류 관련 부수 •

빈칸에 알맞은 한자를 찾아서 적어 보세요 ①

빈칸에 알맞은 한자를 찾아서 적어 보세요 ③

• 사람·사람의 몸 관련 부수 •

● 사람의 신분·모양 관련 부수 ●

빈칸에 알맞은 한자를 찾아서 적어 보세요 ⑥

● 사람의 행동·모양 관련 부수 ①

빈칸에 알맞은 한자를 찾아서 적어 보세요 ⑦

사람이 만든 도구 관련 부수 ①

• 사람이 만든 도구 관련 부수 ②

빈칸에 알맞은 한자를 찾아서 적어 보세요 ⑩

• 인식과 지각 관련 부수 ①

高 甘 香 大 小 長 辛 幺 冂

검을 흑
검을 현
누를 황
빛 색
붉을 적
푸를 청
흰 백

黃斗寸赤色白青又黑玄

말두
마디촌
또우

인식과 지각 관련 부수 ②

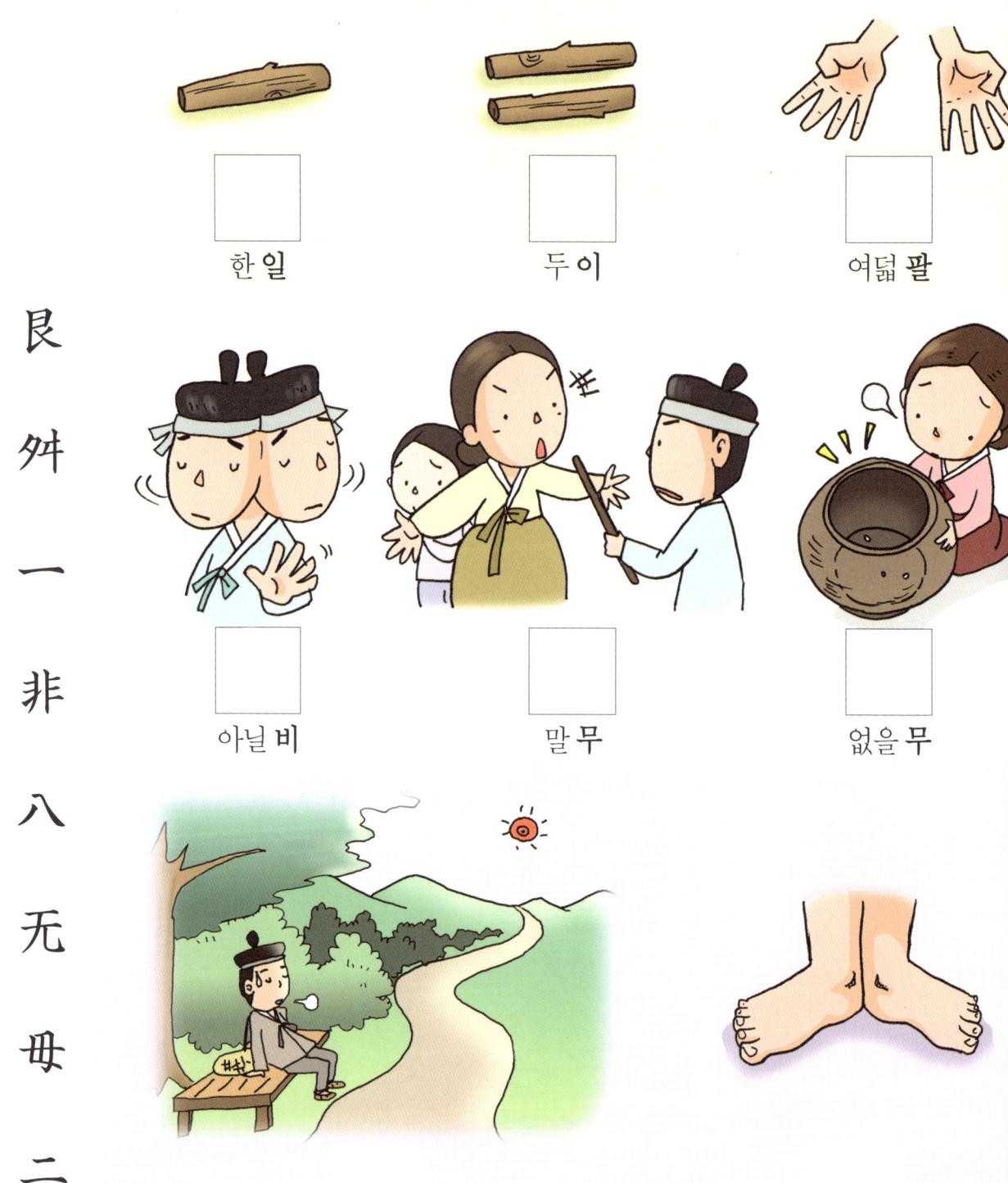

주인공 그리기

생긴대로 멋지게 그려줘! 푸후훗~